Marina Zwetajewa

Irdische Zeichen

1990
Insel-Verlag · Leipzig

Aus dem Russischen übertragen von
Ruth Malez und Marga Erb
Nachdichtungen von Roland Erb
Mit einem Nachwort von
Ingrid Schäfer

ISSN 0233-1047
ISBN 3-7351-0054-6

Dachbödiges

(Aus den Moskauer Notizen 1919–1920)

Ich schreibe auf meinem Dachboden – es dürfte der 10. November sein –, seit alle auf neue Art leben, habe ich die Daten nicht mehr im Kopf.

Seit dem Monat März weiß ich nichts von S., zum letztenmal sah ich ihn am 18. Januar 1918, wie und wo – das sage ich ein andermal, jetzt fehlt mir der Mut.

Ich wohne mit Alja und Irina (Alja 6 J., Irina 2 J., 7 Mon.) in der Boris-und-Gleb-Gasse, zwei Bäumen gegenüber, in der Mansarde, die früher Serjosha gehört hat. Kein Mehl weit und breit, kein Brot, unter dem Schreibtisch etwa 12 Pfund[1] Kartoffeln, der Rest des von Nachbarn ›geliehenen‹ Puds[2] – unser ganzer Vorrat! Der Anarchist Charles hat Serjoshas alte goldene Uhr ›Elève de Biéguet‹ fortgeschleppt – hundertmal bin ich zu ihm gegangen, zunächst versprach er sie wiederzubringen, dann sagte er, er habe einen Käufer für die Uhr gefunden, aber den Schlüssel zu ihr verloren, danach, ein Schlüsselchen habe er an der Sucharewka[3] aufgestöbert, aber den Käufer verloren, danach, er habe sie, aus Furcht vor einer Haussuchung, jemandem zur Aufbewahrung gegeben, danach, sie sei – jenem, an den er sie weitergegeben – gestohlen worden, doch der sei ein reicher Herr und käme für so eine Kleinigkeit schon auf, danach begann er, dreist geworden, zu schreien, er sei für fremde Sachen nicht verantwortlich. Unterm Strich: weder Uhr noch Geld. (Eine solche Uhr wiegt heute 12 Tausend auf, das heißt 1½ Pud Mehl.) Das gleiche mit der Kinderwaage. (Ebenfalls Charles.)

Lebe von kostenlosen Essenrationen (Mittagessen für Kinder). Die Frau des Schusters Granski – mager, dunkeläugig, mit einem schönen Duldergesicht – hat neulich ihre ältere Tochter mit Mittagessenmarken zu mir geschickt (eins

1. ein russisches Pfund = 400 g. – 2. ein Pud = 16,38 kg. – 3. Turm im Zentrum Moskaus, um den herum in den Jahren 1918 bis etwa 1925 ein großer Tausch- und Flohmarkt war; einige Jahre vor dem Krieg abgetragen.

ihrer Mädchen ist in eine Ferienkolonie gefahren) und mit einem ›Semmelchen‹ für Alja. Frau G-man, die Nachbarin von unten, läßt den Kindern ab und zu Suppe bringen, und heute drängte sie mir ›leihweise‹ den dritten Tausender auf. Sie hat selbst drei Kinder. Ist klein, zart, vom Leben aufgerieben: von der Kinderfrau, den Kindern, dem herrischen Ehemann, der wie die Bahn der Gestirne unveränderlichen Folge von Mittags- und Abendmahlzeiten. (In unserem Haus ist das Essen immer ein Komet!) Sie hilft mir wohl ohne Wissen ihres Mannes, der sich als Jude und Glückspilz von mir – in deren Behausung alles außer der Seele eingefroren und nichts außer den Büchern heil geblieben ist – naturgemäß herausgefordert fühlen muß.

Weiterhin helfen mir hin und wieder, wenn sie sich an meine Existenz erinnern – ich werfe ihnen das nicht vor, wir kennen uns erst seit kurzer Zeit –, die Schauspielerin S-zewa, weil sie Gedichte liebt, und ihr Mann, weil er seine Frau liebt. Sie brachten Kartoffeln, der Mann brach ein paarmal Balken aus dem Dachboden und zersägte sie.

Darüber hinaus R. S. T-kin, der Bruder von Frau Z-lin, deren literarische Abende ich öfter besuchte. Er gibt Zündhölzer, Brot. Gütig, teilnahmsvoll.

– Und das ist alles. –

Balmont wäre gern bereit, aber er ist selbst bettelarm. (Wenn du hinkommst, setzt er dir jedesmal etwas vor.) Sein Wort: ›Ich habe ständig Gewissensbisse, fühle, daß ich helfen muß‹ – ist bereits Hilfe. Die Leute wissen nicht, daß ich Worte über alle Maßen schätze! (Sie sind mir lieber als Geld, denn ich kann mit der gleichen Münze zahlen!)

Mein Tag: ich stehe auf – das Oberlicht schimmert kaum grau – Kälte, Lachen, Sägemehlstaub, Eimer, Krüge, Lappen, überall Kinderkleider und -hemden. Ich säge. Heize. Wasche im eisigen Wasser Kartoffeln, die ich im Samowar koche. (Lange Zeit kochte ich Suppe darin, doch eines Tages habe ich ihn mit Hirse verstopft, so daß ich das Wasser seitdem monatelang von oben, indem ich den Deckel abnahm, mit einem Löffel ausschöpfen mußte – der Samowar ist alt, der Hahn schnörkelig, nicht herauszuschrauben, weder von Haarnadeln noch Nägeln ließ er sich bewegen. Endlich hat ihn irgendwer irgendwie durchgeblasen.) Den Samowar setze ich mit heißen Kohlen in Gang, die ich gleich hier aus dem Ofen nehme. Ich gehe und schlafe in ein und demselben zimtbraunen, eines Tages wie irrsinnig eingelaufenen Barchentkleid, das im Frühling 17 in Alexandrow ohne mein Beisein genäht wurde. Von herabfallenden Kohlen und Papirossas ist es überall durchgesengt. Die Ärmel, einst mit Gummizug, sind zur Röhre gedreht und mit Stecknadeln befestigt.

Dann das Aufräumen. – »Alja, bring den Asch raus!« Zwei Worte über den Asch, er hat es verdient. Er ist der Hauptakteur in unserem Leben. Im Asch steht der Samowar, denn sobald in ihm die Kartoffeln kochen, überschwemmt er alles im Umkreis. Im Asch verschmelzen alle Abfälle in eins. Der Asch wird am Tage hinausgebracht und nachts von mir in den Hof geschüttet. Kein Leben ohne den Asch. Kohlen, Sägemehl, Pfützen ... Und der hartnäckige Wunsch, der Fußboden wäre sauber! – Wasserholen bei G-mans, über die Hintertreppe: fürchte, ihrem Gatten zu begegnen. Komme glücklich zurück: einen Eimer Wasser und einen Blechnapf voll! (Eimer wie Blechnapf gehören anderen, meine sind alle gestohlen.) Danach Wäschewaschen, Geschirrspülen: der Spülnapf und ein kunstgewerbliches Krüglein ohne Henkel ›für den Kindergarten‹, abgekürzt: »Alja, bereite den Kindergarten zum Waschen vor!« – Putzen des kupfernen Feldgeschirrs und der Blechkanne für die Pretschistenka[1] (Zusatzverpflegung, dank Protektion derselben Frau G-man); das Körbchen, wo die Tasche mit den

1. Straße im Zentrum Moskaus, heute Uliza Kropotkina.

Essenmarken drin ist; Muff, Fäustlinge, den Schlüssel von der Hintertreppe um den Hals, ich gehe. Die Uhr steht. Ich weiß nicht, wie spät es ist. Und, allen Mut zusammennehmend, zu einem Vorübergehenden: »Entschuldigen Sie, können Sie mir wohl sagen, wie spät es ungefähr ist?« Lautet die Antwort 2 Uhr, ist mir schon ein Stein vom Herzen gefallen. (Übrigens, wie heißt es in der Gegenwart? Fällt? Klingt nicht gut.)

Die Marschroute: in den Kindergarten (Moltschanowka 34) das Geschirr hinbringen, die Starokonjuschenny[1] lang zur Pretschistinka (die Zusatzverpflegung), von dort in das Prager Gasthaus[2] (auf die Karte vom Schuster), vom (sowjetischen) Prager zum ehemaligen Generalow[3] – ob vielleicht Brot ausgegeben wird –, von dort wieder in den Kindergarten, das Mittagessen abholen, von dort – über die Hintertreppe, behängt mit Kannen, Schüsseln und Blechnäpfen – keinen Finger habe ich frei! und dazu die Angst: daß die Tasche mit den Lebensmittelkarten aus dem Körbchen gefallen ist?! – über die Hintertreppe – nach Hause. Sofort zum Ofen. Die Kohlen glimmen noch. Ich blase an. Mache warm. Alle Mahlzeiten wandern in einen Topf: eine Suppe à la Kascha. Wir essen. (Wenn ich Alja mitgenommen habe, binde ich als erstes Irina vom Stuhl los. Ich binde sie an, seit sie einmal in meiner und Aljas Abwesenheit einen halben rohen Kohlkopf aus dem Schrank geholt und aufgegessen hat.) Füttere Irina und lege sie schlafen. Sie schläft im blauen Sessel. Wir haben ein Bett, aber es geht nicht durch die Tür. – Ich koche Kaffee. Trinke. Rauche. Schreibe. Alja schreibt mir einen Brief oder liest. Etwa zwei Stunden Ruhe. Dann wacht Irina auf. Wir wärmen die Reste des Gemengsels auf. Ich fische mit Aljas Hilfe die

1. Starokonjuschenny pereulok, Gasse im Zentrum Moskaus, nicht umbenannt. – 2. heute Restaurant ›Prag‹, im Zentrum Moskaus. – 3. vor 1918 ein großer privater Brotladen.

restlichen, in der Tiefe steckengebliebenen Kartoffeln aus dem Samowar. Wir – entweder Alja oder ich – legen Irina schlafen. Dann legt sich Alja hin.

Um 10 Uhr ist der Tag zu Ende. Manchmal säge und hacke ich für morgen. Um 11 oder 12 gehe ich ebenfalls zu Bett. Glücklich über das Lämpchen gleich neben dem Kissen, die Stille, das Heft, die Papirossa, manchmal Brot.

Ich schreibe schlecht, hastig. Habe weder die Ascension unters Dach vermerkt – eine Leiter gibt es nicht (verheizt), ich ziehe mich an einem Strick hoch, um Balken zu holen – noch die *permanenten* Verbrennungen von den Kohlen, die ich (Ungeduld? Verbitterung?) direkt mit den Händen greife, und nicht das Gerenne nach den Kommissionsläden (ob sich etwas verkauft hat?) und in die Konsumläden (ob etwas verteilt wird?). Ich habe das Wichtigste nicht aufgeschrieben: die Fröhlichkeit, die Schärfe des Gedankens, Freudenausbrüche beim kleinsten Erfolg, die leidenschaftliche Zielgerichtetheit des ganzen Wesens – alle Wände sind vollgekritzelt mit Gedichtzeilen und NB! für das Notizbuch. Nicht aufgeschrieben die nächtlichen Ausflüge in das schreckliche eisige Unten, in Aljas ehemaliges Kinderzimmer, eines Buches wegen, das man plötzlich irrsinnig gern hätte, nicht aufgeschrieben Aljas und meine hellwache Hoffnung: klopft es? Offenbar klopft jemand! (Seit Beginn der Revolution geht die Klingel nicht mehr, an ihre Stelle ist ein Hämmerchen getreten. Wir wohnen oben hinter sieben Türen und hören alles: jedes Aufkreischen einer fremden Säge, jeden Schlag eines fremden Beils, jedes Zuknallen einer fremden Tür, jedes Geräusch im Hof, alles, nur nicht das Klopfen an unsere Tür!) Und – auf einmal scheint es zu klopfen! entweder geht Alja hinunter, das blaue Mäntelchen überwerfend, das genäht wurde, als sie zwei Jahre alt war, oder ich, ohne etwas überzuwerfen, tastend, hopsend, bei völliger Dunkelheit, zuerst an der Treppe ohne Geländer (verheizt) vorbei, dann dieselbe hinab – zur Türkette des Haupteingangs (übrigens kann man auch ohne unsere Hilfe hereinkommen, nur weiß das nicht jeder).

Nicht aufgeschrieben habe ich mein ewiges, immer gleiches – mit denselben Worten gesprochenes! – Gebet vor dem Einschlafen.

Doch das Leben der Seele – Aljas und meiner – tritt aus meinen Versen, den Stücken, ihren Heften hervor.
Ich wollte *nur einen Tag* niederschreiben.

Alja und ich:

Alja: »Marina! So viele Menschen mit wundervollen Namen habe ich nicht gekannt! Zum Beispiel: Dshunkowski.«

Ich: »Das ist der ehemalige Moskauer Generalgouverneur (?), Aletschka.«

Alja: »Aha! Ich weiß – ein Gouverneur. Im Don Quijote – das ist ein Gouverneur!«

(Armer D-ski!)

Ich erzähle:

»Verstehst du, so eine Alte, Uralte, überhaupt nicht komisch. Eine vertrocknete Blume, eine Rose! Feurige Augen, stolze Kopfhaltung, eine grausame Schönheit von einst. Und alles ist geblieben, doch im nächsten Augenblick kann es zu Staub zerfallen ... Das rosa Kleid, prunkvoll und furchterregend, weil sie 70 Jahre alt ist, die rosa Prachthaube, winzige Pantöffelchen. Unter dem spitzen Absatz ein kleines pralles Atlaskissen, auch rosa, schwerer, steifer, knisternder Atlas ... Und da, wenn es Mitternacht schlägt, erscheint der Bräutigam ihrer Enkelin. Er hat sich etwas verspätet. Er ist elegant, galant, rank und schlank, sein Kamisol, der Degen …«

Alja, unterbrechend: »Oh, Marina! Der Tod oder der Casanova!«

(Den letzteren kennt sie aus meinen Stücken ›Abenteuer‹ und ›Phönix.‹)

»Aletschka, welches soll das letzte Wort in ›Großmutter‹[1] sein? Ihr letztes Wort oder richtiger der Seufzer! mit dem sie stirbt?«

»Natürlich Liebe!«

»Richtig, richtig, ganz richtig, doch ich habe gedacht: Amor.«

Ich erkläre ihr Begriff und Verkörperung:

»Liebe ist ein Begriff, Amor die Verkörperung. Der Begriff ist das Allgemeine, Runde, die Verkörperung – die Spitze, hinauf! alles in einen Punkt. Verstehst du?«

»Oh, Marina, ich habe verstanden!«

»Dann sag mir ein Beispiel.«

»Ich habe Angst, daß es nicht richtig ist. Die beiden sind zu luftig.«

»Nicht doch, das macht nichts, sprich. Wenn es nicht richtig ist, sage ich es.«

»Musik ist der Begriff, Stimme die Verkörperung.« (Pause.) Und dann noch: Kühnheit der Begriff, Heldentat die Verkörperung. – Marina, wie merkwürdig! Heldentat der Begriff, Held die Verkörperung.«

»Alja! Was für eine herrliche Sache ist der Traum!«

»Ja, Marina, und auch: der Ball!«

1. Ein Stück, das ich nicht zu Ende geschrieben und verloren habe. (M.Z.)

»Alja! Meine Mutter hatte immer den Wunschtraum, plötzlich zu sterben: man geht auf der Straße, und plötzlich fällt einem von einem Haus, das gebaut wird, ein Stein auf den Kopf! – Aus.«

Alja, beinahe belustigt: »Nein, Marina, ein Stein, das gefällt mir nicht ... Ja, wenn es das ganze Gebäude wäre!«

Alja vor dem Einschlafen:

»Marina! Ich wünsche Ihnen alles Beste, was es auf der Welt gibt. Vielleicht: was es auf der Welt auch noch gibt ...«

Wenn dieser Winter vorüber ist, werde ich wirklich fort comme la mort sein – oder einfach morte, ohne fort, mit einem e muet am Ende.[1]

Die Feinkostläden ähneln jetzt Schaufenstern von Frisiersalons: all diese Käsesorten, Gelees, Osterquarkkuchen sind kein bißchen lebendiger als Wachspuppen.

Das gleiche leichte Grauen.

Oh, ›Wahrheit und Dichtung‹![2] Und ich halte inne, denn in diesem Ausruf ist ebensoviel Entzücken wie Mißvergnügen. Goethe wollte gleichzeitig die Geschichte seines Lebens und die seiner Entwicklung geben, und das ist bei ihm nicht verschmolzen. Ganze Textstellen sind wie eingesetzt: ›hier gedenke ich mit Ehrfurcht eines gewissen X-Y-Z‹[1]

1. stark wie der Tod sein – oder einfach tot, ohne stark (fort), mit stummem E am Ende (morte; feminine Form). – 2. im Original deutsch.

– und Dutzende Seiten so fort. Wenn er diese ›trefflichen Gelehrten‹[1] in sein Leben eingeflochten, sie genötigt hätte, in ein Zimmer zu treten, sich zu bewegen, zu sprechen, wäre nicht dies stellenweise Schematische (Vorsätzliche) entstanden: da ist einem Menschen eingefallen, sich bei allen zu bedanken, die seine Entwicklung begünstigt haben, und er zählt sie auf. Es ist nicht langweilig, alles ist bedeutungsvoll, doch irgendwie verschwindet Goethe selbst, du siehst nicht mehr seine schwarzen Augen …

Doch dafür – o Gott! – die Spaziergänge, als Junge, durch Frankfurt, die Freundschaft mit dem kleinen Franzosen, die Geschichte von dem Künstler und der Maus, das Theater, sein Verhältnis zum Vater, Gretchen (›Nicht küssen, 's ist was so Gemeines, aber lieben, wenn's möglich ist!‹)[1] – ihre nächtlichen Begegnungen in der Schenke, Goethe in Leipzig, die Tanzstunden, Sesenheim, Friederike, der Mond …

Oh, als ich die Umkleideszene las, erbebte mein Herz, weil das Friederike war, nicht ich!

Die Gemütlichkeit dieses alten halb bäuerlichen Hauses, der Pastor, die Pfänderspiele, das Vorlesen …

All dieser Dinge wegen konnte ich mich heute einfach nicht entschließen, das Bett zu verlassen: so ohne Antrieb zum Leben!

Oh, wie hätte ich Alja im 18. Jahrhundert erzogen!

Was für Pantoffeln mit Spangen! Was für eine Familienbibel mit Schließen! Und welch ein Tanzmeister!

1. im Original deutsch.

Jetzt gibt es, wohl wegen der Axt und der Säge, viel weniger enfants d'amour! Es sägt und hackt übrigens nur die Intelligenz (die Mushiks zählen nicht! denen macht es nichts aus!), und die Intelligenz hat auch schon früher weder durch enfants noch durch amour geglänzt.

Neulich auf dem Smolenski:[1] ein vollbusiges einfaches junges Weibsbild, gehüllt in ein wunderschönes Tuch, mit wiegenden Hüften – und eine kleine dürre Schnorrerin, eine Giftnudel! Der dürre Finger bohrt sich in den Busen des Mädchens. Schmeichelndes Flüstern: ›Was haben Sie da – Schweinefleisch?‹

Und das Mädchen, das Tuch fester zusammenziehend, von oben herab: – ›Dreihundertachtzig.‹

Heute, zum Beispiel, habe ich den ganzen Tag gegessen, hätte jedoch den ganzen Tag schreiben können. Ich will auf keinen Fall im Jahr 19 Hungers sterben, aber noch weniger will ich zum Schwein werden.

Meiner Natur nach dulde ich keine Vorräte. Entweder Aufessen oder Weggeben.

Damit es nicht so furchtbar ist, könnte man sich einbilden: das Brot kostet nicht 200 Rubel, sondern wie früher 2 Kopeken, aber ich habe diese zwei Kopeken nicht – ich werde sie nie haben.

Und der Zar ist wie immer in Zarskoje Selo, doch ich werde nie nach Zarskoje Selo fahren und er – nie nach Moskau.

1. Markt.

O Gott! Wie viele Nosdrjows gibt es jetzt in Rußland (wie einer den andern beschmutzt! wer und was gegen was alles eingetauscht wird!) – wie viele Korobotschkas (›und was kosten in der Stadt jetzt tote Seelen?‹, ›und was kosten auf dem Markt jetzt Damenkleiderpuppen?‹: ich, zum Beispiel) – und Manilows (›Tempel der Freundschaft‹, ›Haus der Glücklichen Mutter‹) – und Tschitschikows (der geborene Spekulant!).

Aber einen Gogol gibt es nicht. Besser wäre es umgekehrt.

Und ebenso selten ist jener mit dem armenischen Namen – wie heißt er bloß? – -idse oder -adse aus dem II. Teil, so irreal, daß ich nicht einmal seinen Namen behalten habe!

Neben unserem gemeinen Leben besteht ein anderes Leben: feierlich, unbeirrt, unverbrüchlich: das Leben der Kirche. Die gleichen Worte, die gleichen Gebärden – alles wie vor Jahrhunderten. Jenseits der Zeit, das heißt jenseits des Wandels. Wir erinnern uns viel zu selten daran.

›Nun lacht sie nicht mehr.‹ (Inschrift auf meinem Grabkreuz.)

Ich habe das Jahr 19 etwas übersteigert wahrgenommen – so, wie die Menschen es in hundert Jahren sehen werden: kein Stäubchen Mehl, kein Körnchen Salz. (Asche- und Schmutzteilchen mehr als genug!) – kein Hirse-, kein Salzkorn, kein Seifenrest! kehre die Ofenrohre selbst! Stiefel, doppelt so groß wie der Fuß; irgendein Romanschreiber mit Einbildungskraft wird auf Kosten des Geschmacks das Jahr 19 so beschreiben.

Mein Zimmer. – Einmal werde ich es doch verlassen. (?) Oder werde ich niemals, nie-mals mehr, die Augen aufschlagend, etwas anderes sehen als: das hohe Fenster in der Decke, den Asch auf dem Fußboden, auf allen Stühlen Lumpen, die Axt, das Bügeleisen (mit dem Bügeleisen schlage ich auf die Axt), G-mans Säge.

Menschen, die kommen, wühlen mich nur auf: ›So kann man nicht leben. Das ist schrecklich. Sie müssen alles verkaufen und umziehen.‹

Verkaufen! Leicht gesagt! Alle meine Sachen haben mir, als ich sie kaufte, so sehr gefallen – deshalb kauft sie keiner.

Im Alltag hat mir das Jahr 19 nichts beigebracht: weder Sparsamkeit noch Mäßigung.

Ich nehme – esse – gebe das Brot so leicht, als koste es 2 Kop. (jetzt 200 Rub.). Und Kaffee und Tee habe ich schon immer ohne Zucker getrunken.

Ob es in Rußland – Rosanow ist gestorben – zur Zeit einen wahren Beobachter und Betrachter gibt, der ein wahres Buch über den Hunger schreiben könnte: ein Mensch, der essen will; ein Mensch, der rauchen will; ein Mensch, der friert, über einen Menschen, der besitzt und nicht gibt, über einen Menschen, der nicht besitzt und doch gibt, über die Knickrigen, einst Freigebigen; über die Freigebigen, einst Knickrigen; und schließlich über mich: die Dichterin und Frau, die allein ist, allein, allein – wie eine Eiche, wie ein Wolf, wie Gott, mitten in allen Pestdünsten des Jahres 19 in Moskau.

Ich würde schreiben, gäbe es nicht den Schnörkel des Romantikers in mir, meine Kurzsichtigkeit, meine ganze Eigenart, die mich bisweilen hindern, die Dinge zu sehen, wie sie sind.

– Ach, wenn ich reich wäre! –

Liebes Jahr 19, du hast mich diesen Ausruf der Klage gelehrt! Früher, als alle alles hatten, war ich doch findig genug zu geben, jetzt aber, da keiner etwas hat, kann ich nichts geben außer der Seele, einem Lächeln, manchmal einem Scheit Holz (aus Leichtsinn!) – und das ist wenig.

Oh, welches Betätigungsfeld öffnet sich mir, meinem Heißhunger nach Liebe, im Augenblick. Schnappen doch alle nach diesem Köder, selbst die Kompliziertesten! selbst ich! Ich, zum Beispiel, liebe heute ausnahmslos nur jene, die mir geben – die mir versprechen und nicht geben, ganz gleich! – die mir wenigstens einen Augenblick lang aufrichtig (vielleicht auch *nicht* aufrichtig, darauf pfeif ich!) geben *wollten.*

Der Satz, und deshalb auch der Sinn, könnte aus einer Laune der Feder und des Herzens anders lauten, und es wäre ebenfalls die Wahrheit:

Früher, als alle alles hatten, war ich dennoch findig genug zu geben. Jetzt, da ich nichts habe, bin ich dennoch findig genug zu geben.

– Gut, nicht?

Ich gebe, wie ich alles tue aus einer Art seelischen Abenteuertriebes, für ein Lächeln – das eigene und das fremde.

Was gefällt mir an dem Abenteuertrieb? – Das Wort.

Balmont – in einem kreuzweise über der Brust verschlungenen schottischen Frauentuch – im Bett; wahnsinnige Kälte, der Dampf in der Luft gefroren; daneben ein Tellerchen Kartoffeln, gebraten in Kaffeesatz:

»Oh, das wird eine Seite der Schande in Moskaus Geschichte sein! Ich spreche nicht von mir als Dichter, ich spreche von mir als Werktätigem. Ich habe Shelley, Calderón, Edgar Allan Poe übersetzt ... Saß ich nicht vielleicht schon mit 19 Jahren über Wörterbüchern, statt spazierenzugehen und mich zu verlieben?! Ich hungere doch im buchstäblichen Sinn. Es bleibt nur noch der Hungertod! Dummköpfe denken, der Hunger treffe den Körper. Nein, der Hunger trifft die Seele, mit einem Schlag, mit seinem ganzen Gewicht fällt er auf die Seele. Ich bin niedergedrückt, ich bin voll Trübsinn, ich kann nicht schreiben!«

Ich bitte ihn um etwas zu rauchen. Er gibt mir seine Pfeife und sagt, ich dürfte mich beim Rauchen nicht ablenken lassen.

»Diese Pfeife verlangt große Aufmerksamkeit für sich, deshalb rate ich Ihnen, nicht zu sprechen, denn im Haus sind keine Zündhölzer.«

Ich rauche, d. h. ich ziehe aus Leibeskräften, die Pfeife ist wie verstopft, auf ein Schlückchen ein Zehntel Rauch; aus Angst, daß sie ausgeht, spreche ich nicht, ja denke auch nicht, und nach einer Minute, erleichtert:

»Danke, sattgeraucht!«

Moskau, Winter 1919–1920

Über die Liebe

(Aus dem Tagebuch)

Die völlige Übereinstimmung der Seelen macht die Übereinstimmung des Atmens nötig, denn was ist Atmen, wenn nicht der Rhythmus der Seele?

Folglich müssen die Menschen, damit sie einander verstehen, nebeneinander gehen oder liegen.

Edelmut des Herzens, des Organs. Unvermindertes Obachtgeben. Immer schlägt es als erstes Alarm. Ich könnte sagen: nicht die Liebe ruft Herzklopfen bei mir hervor, sondern das Herzklopfen Liebe.

Das Herz: eher eine Orgel als ein Organ.[1]

Das Herz: Lot, Log, Senkblei, Kraftmesser, Réaumur – alles, nur kein Chronometer der Liebe.

›Sie lieben zwei, demnach lieben Sie keinen!‹ – Verzeihen Sie, aber wenn ich neben N. auch Heinrich Heine liebe, werden Sie doch nicht sagen, daß ich jenen ersteren nicht liebe. Einen Lebenden und einen Toten kann man also gleichzeitig lieben. Doch stellen Sie sich vor, daß Heinrich Heine auferstände und jeden Augenblick ins Zimmer treten könnte. Ich bin die gleiche, Heinrich Heine ist der gleiche, der Unterschied besteht nur darin, daß er *ins Zimmer treten könnte.*

Folgt: die Liebe zu zwei Personen, die beide jeden Augenblick ins Zimmer treten können, ist keine Liebe. Daß

1. Orgel: russ. orgán; Organ: russ. órgan.

meine gleichzeitige Liebe zu zwei Personen Liebe ist, fordert, daß eine dieser Personen hundert Jahre vor mir oder gar nicht geboren wurde (ein Porträt, ein Poem). – Eine nicht immer erfüllbare Bedingung!

Und doch ist eine Isolde, die neben Tristan einen andern liebt, undenkbar, und der Aufschrei von Sarah (Marguerite Gautier) – ›Oh, l'amour! l'amour‹, der einem anderen als ihrem jungen Freund gilt, lächerlich.

Ich würde eine andere Formel vorschlagen: Eine Frau, die in dem Augenblick, als ihr Geliebter eintritt, Heinrich Heine nicht vergißt, liebt nur Heinrich Heine.

›Heißgeliebter‹ ist theatralisch, ›Liebhaber‹ – unverhohlen, ›Freund‹ – unbestimmt. Liebeleeres Land!

Jedesmal, wenn ich erfahre, daß mich ein Mensch liebt, wundere ich mich, liebt er mich nicht, wundere ich mich, doch höchst verwundert bin ich, wenn ein Mensch sich gleichgültig zu mir verhält.

Alte Männer und alte Frauen.

Ein glattrasierter, schlanker alter Mann ist immer ein wenig altertümlich, immer ein wenig Marquis. Und seine Aufmerksamkeit ist schmeichelhafter und aufregender für mich als die Liebe eines beliebigen Zwanzigjährigen. Übertrieben ausgedrückt: Es ist das Gefühl, ein ganzes Jahrhundert liebe mich. Es ist auch die Sehnsucht nach seinen Zwanzig, und die Freude über meine, und die Möglichkeit, großzügig zu sein – und die ganze Unmöglichkeit. Es gibt so ein Liedchen von Béranger:

… Dein Blick durchdringt mich …
Zwölf der Jahre zählst du erst,
Ich schon vierzig.

Sechzehn Jahre und sechzig Jahre – das ist keineswegs ungeheuerlich, und vor allen Dingen – keineswegs lächerlich. Jedenfalls weniger lächerlich als die meisten sogenannten ›gleichen‹ Ehen. Eine Möglichkeit für echtes Pathos.

Und die in einen Jüngling verliebte alte Frau ist allenfalls rührend. Die Ausnahme: Schauspielerinnen. Eine alte Schauspielerin ist eine Rosenmumie.

… ›Und es war zwischen ihnen so ein Spiel im Schwange. Er singt ihr vor – sie hieß eben Marusja – ‚Marusja du, Marusja, mach deine Augen zu', und sie legt sich aufs Bett, deckt sich mit dem Laken zu – wie wenn sie tot ist. Er zu ihr: ‚Marusja! Stirb nicht richtig! Marusja! Stirb bloß nicht wirklich!' Jedesmal kamen ihm die Tränen. – In der gleichen Fabrik arbeiteten sie, sie zählte fünfzehn Jährchen, er sechzehn‹ …

(Erzählung der Kinderfrau)

– ›Und was ich, meine Lieben, für einen Mann hatte!!! Menschlich an ihm war nur, was die Fassade ist. Nie was essen, immer nur trinken. Mein Kissen hat er versoffen, die Bettdecke mit den Weibern verbumfiedelt. Alles war ihm langweilig, meine Lieben: arbeiten – langweilig, mit mir Tee trinken – langweilig. Aber schön war er wie ein Dämon: lockiges Haar, gerade Brauen, dunkelblaue Augen … – Seit fünf Jahren ist er verschwunden!‹

(Die Kinderfrau zu den Freundinnen)

Der erste Liebesblick, das ist die kürzeste Entfernung zwischen zwei Punkten, jene göttliche Gerade, die keine zweite neben sich hat.

Aus einem Brief:

›Wenn Sie jetzt einträten und sagten: ‚Ich fahre für lange, für immer fort' oder ‚Mir scheint, ich liebe Sie nicht mehr', würde ich wahrscheinlich nichts Neues empfinden: jedesmal, wenn Sie wegfahren, zu jeder Stunde, die Sie nicht da sind, sind Sie für immer abwesend und lieben mich nicht.‹

In meinen Gefühlen gibt es, wie bei denen von Kindern, keine Grade.

Der erste Sieg der Frau über den Mann ist des Mannes Aussage über seine Liebe zu einer anderen. Und ihr endgültiger Sieg – die Aussage dieser anderen über ihre Liebe zu ihm, über seine Liebe zu ihr. Das Geheime ist offenbar geworden, eure Liebe ist meine. Und solange dies nicht eintritt, kann man nicht ruhig schlafen.

Alles Nichterzählte ist immerwährend. So, zum Beispiel, ein nichtgebeichteter Mord – er *währt fort*. Das gleiche bei der Liebe.

Sie wollen nicht, daß man erfährt, Sie liebten den und den? Dann sagen Sie über ihn: ›Ich vergöttere ihn!‹ Manche wissen übrigens, was das bedeutet.

Eine Erzählung:

– ›Als ich achtzehn Jahre alt war, hatte sich ein Bankier, ein Jude, wahnsinnig in mich verliebt. Ich war verheiratet, er ebenfalls. So ein Dicker, aber ein erstaunlich rührender Mensch. Wir blieben fast nie allein, wenn es aber dazu kam, sagte er nur das eine zu mir: – ‚Leben Sie! Leben Sie!' Und niemals küßte er mir die Hände. Einmal gab er eine Abendgesellschaft eigens für mich, er lud viele wunderbare Tänzer ein – ich tanzte damals schrecklich gern! Er selbst konnte nicht tanzen, weil er zu dick war. Gewöhnlich spielte er an solchen Abenden Karten. An diesem Abend spielte er nicht.‹

(*Die Erzählerin ist sechsunddreißig, bezaubernd.*)

›Leben Sie nur!‹ Ich ließ die Arme sinken,
Und auf die Arme sank die glühende Stirn ...
So lauscht dem Gott einmal die junge Windsbraut
In einer dunklen Stunde wo im Feld.

Und auf die hohe Woge meines Atems
Legt sich – vom Himmel – herrisch eine Hand.
Auf meine Lippen andere sich legen.
So lauscht einmal der jungen Windsbraut Gott.

(Nachhall)[1]

Das Gästezimmer ist das Feld, die ehemalige Smolny-Schülerin[2] die Windsbraut, der dicke Bankier Gott. Was ist heil geblieben? Aber da ist das Wort, das der Bankier zu dem Institutsfräulein sagte, und Gott zu allem am ersten Schöpfungstag: ›Lebt!‹

1. Titel im Original deutsch und russisch. – 2. Smolny-Institut: Lehranstalt für Töchter verarmter Adelsfamilien.

Das ›Sei‹ ist das einzige Wort der Liebe, der menschlichen und göttlichen. Das übrige: Gästezimmer, Feld, Bankier, Institutsfräulein sind Details.

Was ist nun heil geblieben? – Alles.

Lieber einen Menschen aus dem *ganzen Selbst* verlieren als ihn mit einem Hundertstel desselben festhalten.

Der Heerführer nach einem Sieg, der Dichter nach einem Poem – wohin gehen sie? zur Frau. Leidenschaft ist für den Menschen die letzte Möglichkeit, sich mitzuteilen, wie der Himmel die einzige Möglichkeit für den Sturm ist zu *sein.*

Mensch – Sturm, Leidenschaft – Himmel, der ihn auflöst.

Oh, Dichter, Dichter! Die einzigen wahren Geliebten der Frauen!

Der Wunsch ins Tiefe: ins Tiefe der Nacht, ins Tiefe der Liebe. Die Liebe: ein Krater in der Zeit.

›Liebe in meinem Namen‹ durchsteht das Leben, ›in deinem Namen‹ – den Tod.

›Eine Alte ... Was soll ich mit einer Alten anfangen?!‹ – Eine in ihrer Offenheit entzückende Formel des Männlichen.

›Wozu kleiden sich alte Frauen? Es ist sinnlos! Ich würde für alle die gleiche ... ‚Uniform' in Auftrag geben, und da sie alle reich sind, würde ich eine Kasse anlegen, aus der ich alle Jungen und Schönen kleiden – und sehr gut kleiden! – würde.‹

– Hindere mich nicht, Verse über dich zu schreiben!

– Hindere mich, über mich Verse zu schreiben!

Dazwischen liegt die ganze Liebesskala des Dichters.

Die dritte Person ist stets eine Ablenkung. Am Anfang der Liebe vom Reichtum, am Ende der Liebe von der Armut.

Die Geschichte gewisser Begegnungen. Eine Äquilibristik der Gefühle.

Die Schilderung eines Junkers: ... ›Ich erkläre ihr meine Liebe, haspele natürlich meinen Vers herunter‹ ...

Liebeslust und Mutterliebe schließen einander nahezu aus. Wahre Mutterliebe ist mannhaft.

Wie viele mütterliche Küsse senken sich auf nichtkindliche Köpfe – und wie viele nichtmütterliche auf Kinderköpfe!

Leidenschaftliche Mutterliebe ist falsch adressiert.

Dort, wo ich (der anderen wegen) über eine Handlung *nachdenken,* sie ersinnen muß, ist sie stets ungezielt, begonnen und nicht abgeschlossen – es ist nicht zu erklären –

nicht die meine: Als hätte ich A behalten und erinnerte mich nicht an B – und mit einemmal stehen anstelle von B meine gottseligen Hieroglyphen dort!

Ein Gespräch:

Ich, über einen Roman, den ich schreiben möchte: »Verstehen Sie, ich liebe im Sohn den Vater, im Vater den Sohn ... Wenn Gott mir genug zu leben schenkt, werde ich das ganz gewiß schreiben!«

Er, ruhig: »Wenn Gott Ihnen genug zu leben schenkt, werden Sie das ganz gewiß tun.«

Über das Lied der Lieder:

Das Lied der Lieder wirkt auf mich wie ein Elefant: sowohl furchterregend als auch lächerlich.

Das Lied der Lieder ist in einem Land geschrieben, wo die Weinbeeren – groß wie Pflastersteine sind.

Das Lied der Lieder: Flora und Fauna aller fünf Kontinente in einer einzigen Frau. (Einschließlich des unentdeckten Amerikas.)

Das Beste am Lied der Lieder sind die Verse der Achmatowa:

Und in der Bibel liegt ein Ahornblatt
Als Zeichen rot beim Lied der Lieder.

›Ich könnte niemals eine Tänzerin lieben, stets käme es mir vor, als zappelte in meinen Armen ein Vogel.‹

Eine Witwe, die heiratet. Lange habe ich nach einer Formel für diese mich abstoßende Legitimität gesucht. Und auf einmal, in einem französischen Buch, anscheinend von einer Frau (der Autorin von ›Amitié amoureuse‹) – *meine* Formel:

›Le remariage est un adultère posthume.‹[1]

– Ich atmete auf!

Früher hieß alles, was ich liebte, ich, jetzt – Sie. Doch es ist immer das gleiche.

Ehefrauen gibt es viele, Geliebte wenige. Eine richtige Ehefrau geht aus Mangel (an Liebe) hervor, eine richtige Geliebte aus dem Überfluß.

Ich liebe weder Ehefrauen noch Geliebte – ›amoureuses‹.

Weil der Musiker weniger ist als die Musik! Und der Liebhaber – weniger als die Liebe!

(NB! ›Liebhaber‹ hier und weiterhin verstanden als das mittelalterliche umfassende ›amant‹. Die derbe Volkssprache meidend, gebe ich ihm seine ursprüngliche Bedeutung zurück. Liebhaber: jener, der liebt, jener, durch den sich die Liebe offenbart, Leitinstrument für die Elementarkraft LIEBE. Vielleicht ist er im gleichen Bett, vielleicht auch tausend Werst entfernt. – Liebe nicht als ›Verhältnis‹, sondern als Elementarkraft.)

›Es gibt zwei Arten von Eifersucht. Die eine (Angriffsgebärde) – von sich fort, die andere (Schlag an die Brust) –

1. Die Wiederverheiratung ist ein Ehebruch postum.

in sich hinein. Wieso ist es niedrig, sich ein Messer in den Leib zu stoßen?‹

(Balmont)

Ich müßte Sie aus einer Viertelliterflasche[1] trinken und trinke sie tropfenweise, wobei ich huste.

Wie langsam kommen gewisse Leute Ihnen näher! Sie bewältigen da Millimeter, wo ich Meilen bewältigte!

Wozu die Schlange, wenn es Eva gibt?

Liebe: im Winter wegen der Kälte, im Sommer wegen der Hitze, im Frühling der ersten, im Herbst der letzten Blätter wegen: immer – aller Dinge wegen.

Nächtliches Gespräch.

Pawel Antokolski: »Der Herrgott hatte Judas. Wer aber ist beim Teufel der Judas?«

Ich: »Das wird selbstverständlich eine Frau sein. Der Teufel wird sich in sie verlieben, und sie wird ihn Gott zurückgeben wollen – und geben.«

Antokolski: »Und sie wird sich erschießen. Ich behaupte jedoch, daß es ein Mann sein wird.«

Ich: »Ein Mann? Wie kann ein Mann den Teufel verraten? Er hat ja gar keinen Zugang zum Teufel, er wird vom Teufel nicht benötigt, was geht den Teufel ein Mann an?

1. gängiges Maß für Wodkaflaschen.

Der Teufel ist selbst Mann. Der Teufel ist alle Mannhaftigkeit. Den Teufel kann man nur durch Liebe verführen, das heißt mit einer Frau.«

Antokolski: »Und es wird sich ein Mann finden, der sich die Ehre dieser Eroberung zuschreibt.«

Ich: »Und wissen Sie, wie das vor sich geht? Die Frau verliebt sich in den Teufel, und in sie verliebt sich ein Mann. Er kommt zu ihr und sagt: ›Du liebst ihn, tut er dir wirklich nicht leid? Er fühlt sich doch schlecht, bring ihn zu Gott zurück.‹ Und sie bringt ihn zurück ...«

Antokolski: »Und hört auf zu lieben.«

Ich: »Nein, *sie* hört nicht auf zu lieben. *Er* liebt sie nicht mehr, weil er jetzt Gott hat; sie ist ihm nicht mehr vonnöten. Sie hört nicht auf zu lieben, stürzt aber zu jenem.«

Antokolski: »Und, in seine Augen blickend, sieht sie, daß es immer die gleichen Augen sind und daß sie selbst besiegt ist – vom Teufel.«

Ich: »Aber es gab einen Zeitpunkt, da war der Teufel besiegt – den Zeitpunkt, als er zu Gott zurückkehrte.«

Antokolski: »Und verraten hat ihn – ein Mann.«

Ich: »Ach, ich spreche von einem Liebesdrama!«

Antokolski: »Und ich spreche von einem Namen, der auf heiligen Tafeln stehen wird.«

Ich: »Die Frau ist besessen. Die Frau geht den Weg des Seufzers (ich atme tief). Sieh, so. Und Heine hat mit seinem ›horizontalen Handwerk‹[1] danebengegriffen! Es geht gerade in die Vertikale!«

Antokolski: »Und der Mann will so:« (Vorgeschnellter Arm. Sprung.)

Ich: »Nicht der Mann will so, sondern der Tiger. Übri-

1. im Original deutsch.

gens, wenn anstelle von ›mushtschina‹ ›tigr‹ stünde, würde ich vielleicht auch die Männer lieben. Was für ein häßliches Wort – mushtschina! Wieviel besser klingt es auf deutsch: ›Mann‹, und auf französisch: ›homme‹. Man, uomo … Nein, bei allen ist es besser …

Doch weiter. Die Frau geht also den Weg des Seufzers … Die Frau, das ist der Seufzer. Der Mann, das ist die Geste. (Der Seufzer kommt immer früher, während des Sprungs atmet man nicht.) Nie will der Mann als erster. Wenn der Mann anfängt zu wollen, will die Frau bereits.«

Antokolski: »Und was machen wir mit der tragischen Liebe? Wenn die Frau tatsächlich nicht will?«

Ich: »Das heißt, nicht sie hat gewollt, sondern eine nebenan. Er hat sich in der Tür geirrt.«

Ich, zaghaft: »Antokolski, kann man das, was wir jetzt machen, Denken nennen?«

Antokolski, noch zaghafter: »Es ist eine allgemeine Angelegenheit: das gleiche wie auf den Wolken sitzen und die Welt regieren.«

Ich: »Zwei Beziehungen zur Welt: die der Liebe, die der Mutter.«

Antokolski: »Auch bei uns sind es zwei: die der Liebe, die des Sohnes. Eine Vaterbeziehung gibt es nicht. Was ist Vaterschaft?«

Ich: »Vaterschaft existiert gar nicht. Es gibt die Mutterschaft: – Maria – Mutter – das große M.«

Antokolski: »Und die Vaterschaft ist ein großes O,[1] das heißt Null, Zero.«

1. von russ. otzowstwo.

Ich, versöhnend: »Aber dafür haben wir keine Tochterbeziehung.«

Wir sprechen über die Liebe.

Antokolski: »Die Madonna lieben ist so gut wie sich gegen die Gläubiger sichern (Gläubiger sind die Frauen).«

Wir sprechen über Jeanne d'Arc, und Antokolski sagt plötzlich heftig:

»Aber der König braucht die Herrschaft gar nicht, er will, was mehr ist als Herrschaft – Jeanne. Und Ihnen … Und ihr liegt nichts an ihm: ›Nein, du mußt König sein! Tritt in die Herrschaft ein!‹ – wie man sagt: ›Tritt ins Gymnasium ein!‹«

Eine gesättigte Lösung. Mehr *kann* das Wasser nicht auflösen. So ist das Gesetz. Sie sind eine von mir gesättigte Lösung.

Ich bin kein Faß ohne Boden.

(Ich) muß lernen, mich der Liebesgegenwart eines Menschen zu nähern wie seiner Liebesvergangenheit, das heißt, mit der ganzen Abgelöstheit und Leidenschaftlichkeit der Schöpferkraft.

Immer ist der Rivale entweder Gott (du betest ihn an!) oder ein Tor (du verachtest ihn nicht einmal).

Verrat weist schon auf Liebe. Man kann keinen Bekannten verraten.

Admiral Schtschastny vor Gericht. Das Todesurteil ist verkündet. Der Angeklagte wird abgeführt. Und, im Gehen gesprochen, der Menge halb zugewandt: ›Werden Sie kommen?‹

Eine Frauenstimme: ›Ja!‹

Ich bin keine Liebesheldin, ich werde nie in den Geliebten eintauchen, stets – in die Liebe.

›Das Leben teilt sich in drei Perioden auf: Vorahnung der Liebe, Wirkung der Liebe und Erinnerung an die Liebe.‹

Ich: »Wobei die mittlere von 5 Jahren bis 75 währt – nicht wahr?«

Ein Brief:

Lieber Freund! Wenn ich, verzweifelt an der Armseligkeit der Tage, erstickt vom Alltag und von fremder Dummheit, schließlich in Ihr Haus trete, habe ich mit allen Fasern meines Wesens ein Recht auf Sie. Man kann das Recht des Menschen auf Brot bestreiten (der Großvater hat nicht gearbeitet, so soll der Enkel nicht essen!) – man kann nicht das Recht des Menschen auf Luft bestreiten. Die Luft zwischen mir und den Menschen ist die Begeisterung. Daher meine Kränkung.

Ihnen ist heiß, Sie sind gereizt, Sie sind ›zerquält‹, irgendwer ruft an, Sie gehen träge ans Telefon: ›Ach, Sie sind es?‹ Und Klagen über die Hitze, die Müdigkeit, Schöntun mit der eigenen Trägheit –, aber seien Sie doch von mir entzückt, ich bin so schön!

Sie haben mit mir, mit meiner Seele, nichts zu schaffen, die drei Tage sind ein einziger Abgrund (nicht für mich ohne Sie, für mich mit mir selbst), in den drei Nächten die gleichen Träume – tausendundeiner, und auch tagsüber habe ich sie vor Augen!

Sie sagen: ›Wie kann ich Sie lieben? Ich liebe mich selbst nicht.‹ Die Liebe zu mir geht in Ihre Liebe zu sich ein. Was Sie Liebe nennen, nenne ich eine gute Gemütsverfassung (Körper-). Sobald es Ihnen schlecht geht (Häkeleien zu Hause, die Hitze, die Bolschewiki), bin ich nicht mehr vorhanden.

Die Häuslichkeit ist eine einzige ›Häkelei‹, Hitze gibt es jeden Sommer, und die Bolschewiki fangen erst an!

Lieber Freund, so möchte ich es nicht, so atme ich nicht. Ich möchte eine so bescheidene, todeinfache Sache: daß sich, wenn ich eintrete, der Mensch freut.

Da bin ich, Bruderherz, mit dem Bleistift in der Hand eingeschlafen. Und hatte fürchterliche Träume – ich stürzte aus New Yorker Wolkenkratzern. Erwachte: das Licht brannte. Die Katze auf meiner Brust mimte ein Kamel. (Mit zwei sagte Alja: Kambuck!)

Lieben: den Menschen so sehen, wie ihn Gott im Sinn hatte und die Eltern nicht verwirklicht haben.

Nicht lieben: den Menschen so sehen, wie ihn die Eltern verwirklicht haben.

Aufhören zu lieben: an seiner Stelle – den Tisch, den Stuhl sehen.

Familie ... Ja, langweilig, ja, armselig, ja, das Herz klopft nicht ... Ist Freund, Liebhaber nicht besser? Doch habe ich mich mit einem Bruder gezankt, bin ich dennoch im Recht, wenn ich sage: ›Du mußt mir helfen, denn du bist mein Bruder‹ ... (Sohn, Vater ...) Einem Liebhaber sagt man das nicht – um nichts in der Welt – eher beißt du dir die Zunge ab.

Das im Blut nistende *Recht der Intonation.* Blutsverwandtschaft ist grob und fest, Wahlverwandtschaft – fein. Wo das Garn fein ist, reißt es leicht.

Meine Seele ist ungeheuer eifersüchtig: sie würde mich als Schönheit nicht ertragen.

Über das Äußere zu sprechen ist in *meinem* Fall unvernünftig: so deutlich, so sehr geht es nicht um dies!

»Wie gefällt sie Ihnen vom Äußeren her?«

»Aber *will* sie denn äußerlich gefallen? Ich lasse das Recht darauf – auf so eine Einschätzung – einfach nicht zu!«

Ich bin ich: ich – das Haar, ich – meine männliche Hand mit den eckigen Fingern, ich – meine krumme Nase.

Und, genauer: ich bin nicht das Haar, ich: nicht die Hand, nicht die Nase, ich bin ich: etwas Unsichtbares.

Verehrt die Hülle, die von Gottes Odem beglückte.

Und geht: andere Körper lieben!

(Wenn ich diese Notizen drucken ließe, würde man ganz gewiß sagen: par dépit[1]).

Der Brief über Lauzun.[2]

Sie möchten, daß ich Ihnen kurz über meine letzte Liebe

1. Ärger, Verdruß, Liebeskummer. – 2. Held meines Stückes ›Fortuna‹. (M. Z.)

Rede und Antwort stehe. Ich sage ›Liebe‹, weil ich nicht weiß, mir keine Mühe gebe zu wissen ... (Vielleicht: alles, was beliebt, nur nicht Liebe! Aber – alles, was beliebt!)

Also: erstens ist er göttlich schön, zweitens hat er eine göttliche Stimme. Das Göttliche, beides, eines Liebhabers würdig. Doch solcher Liebhaber sind viele: alle Männer, die Frauen nicht lieben, alle Frauen, die Männer nicht lieben.

Er ist aufgetan, seine Seele wie seine Haut, das ist sein tiefes, unumstrittenes Wesen. Vom Erschauern zum Entzükken nur ein Schritt. Leicht erfaßt ihn ein Schauer. Als Partner und im Gespräch hat er auf der Welt nicht seinesgleichen. Er weiß das, was Sie nicht ausgesprochen haben und was Sie vielleicht auch nicht sagen würden ... wenn er es nicht schon wüßte! Nur die eigene Trägheit achtend, zwingt er Sie wider Willen, so zu sein, wie es ihm entspricht (›beliebt‹ ist hier fehl am Platz, ihm beliebt nichts).

Ist er gut? Nein. Zärtlich? Ja.

Denn Güte ist ein ursprüngliches Gefühl, er aber lebt ausschließlich dem Zweitrangigen, Reflektierten. So anstelle von Güte – Zärtlichkeit, von Liebe – Neigung, von Haß – Meiden, von Begeisterung – Ergötzen, von Teilnahme – Mitgefühl. *Anwesenheit* von Leidenschaft ersetzt durch *Abwesenheit* von Leidenschaftslosigkeit (das Parteiische der Anwesenheit durch die Leidenschaftslosigkeit der Abwesenheit).

Aber in allem Zweitrangigen ist er sehr stark: Perle, erster Violinbogen.

– Und in der Liebe?

Darüber weiß ich nichts. Mein scharfes Gehör gibt mir ein, daß ihn schon das Wort ›Liebe‹ auf eine Art verletzt. Er fürchtet überhaupt die Worte, wie überhaupt alles Deutliche. Gespenster mögen nicht, daß man sie Fleisch werden läßt. Sie behalten sich dieses Gepränge vor.

›Liebe mich, wie es dir beliebt, aber bekunde es so, wie es mir entspricht. Und es entspricht mir, nichts zu *wissen.*‹

Wollen im Bösen? Keineswegs. Aller Reiz und alle Gefahr von ihm liegen in seiner tiefsten Unschuld. Sie können sterben, er wird monatelang nicht nach Ihnen fragen. Und dann, verwirrt: ›Ach, wie bedauerlich! Wenn ich es gewußt hätte, aber ich war so beschäftigt ... Ich wußte nicht, daß man so plötzlich stirbt‹ ...

Im Weltweiten zu Hause, kennt er natürlich nicht das Alltägliche, und der Tod an dem und dem Tag, zu der und der Stunde ist natürlich Alltag. Auch die Pest ist Alltag.

Doch für das, was er nicht hat, hat er eines: Phantasie. Das ist sein Herz, Seele wie Verstand und Begabung. Die Wurzel ist klar: Aufgetansein. Während er spürt, was Sie in ihm sehen, wird er ebendies.

Also: Dandy, Dämon, Glückskind, Erzengel mit der Trompete – er ist alles, was Sie wollen, nur tausendmal ärger, als Sie es wünschen. Ein Spielzeug, das Rache für sich nimmt. Objet de luxe et d'art[1] – und wehe Ihnen, wenn dieses objet de luxe et d'art zu Ihrem täglichen Brot wird!

– Unschuld, Unschuld, Unschuld! –

Unschuld in der Eitelkeit, Unschuld in der Eigenliebe, Unschuld in der Vergeßlichkeit, Unschuld in der Hilflosigkeit ...

Doch hat dieser unschuldigste und unverwundbarste aller Missetäter eine verwundbare Stelle: die wahnsinnige – nur wird er nie wahnsinnig! – Liebe zu seiner Kinderfrau. Damit hat sich all seine Menschlichkeit für immer erschöpft.

Das Fazit: als Mensch ein Nichts, und vollkommen als Geschöpf.

1. Luxus- und Kunstobjekt.

Von allen Anfechtungen, die er für mich bereithält, würde ich als die drei wichtigsten hervorheben: die Anfechtung der Schwäche, die Anfechtung der Leidenschaftslosigkeit – und die Anfechtung des FREMDEN.

Moskau, 1918–1919

Über die Dankbarkeit

(Aus dem Tagebuch des Jahres 1919)

Als der fünfjährige Mozart, vom Cembalo aufspringend, auf dem glatten Schloßparkett ausglitt und als einzige von allen die siebenjährige Marie-Antoinette zu ihm stürzte und ihm aufhalf, da sagte er: ›Celle-là – je l'épouserai‹,[1] und als Maria-Theresia ihn fragte, weshalb: ›Par reconnaissance.‹[2]

Wie vielen sie auch später, als Königin Frankreichs, vom Parkett – dem stets glatten für Spieler, Ehrgeizige, Verschwender – aufgeholfen hat, ob ihr wohl jemand – par reconnaissance – ›Vive la REINE!‹ zurief, als sie in ihrem Wägelchen vorbeikam auf dem Weg zum Schafott.

Reconnaissance – Erkenntlichkeit. Wiedererkennen – trotz aller Masken und Runzeln – das einst, in irgendeiner Stunde, erblickte wahre Antlitz. (Dankbarkeit)

Ich bin den Menschen niemals für Taten dankbar, *nur* für Wesenheiten. Ein mir gereichtes Stück Brot kann sich als etwas Zufälliges erweisen, ein von mir handelnder Traum ist stets eine Wesenheit.

Ich nehme, wie ich gebe: blind, ebenso gleichgültig gegen die Hand des Gebenden wie gegen meine empfangende.

Ein Mensch gibt mir Brot. Was ist das erste? Ein Gegengeschenk. Schenken, um nicht danken zu müssen. Dankbarkeit: sich schenken für eine Wohltat, das heißt: bezahlte Liebe.

1. Diese da, ich werde sie heiraten. – 2. Aus Dankbarkeit.

Ich achte die Menschen zu sehr, als daß ich sie mit bezahlter Liebe beleidigte.

Es ist beleidigend für mich, folglich auch für den anderen.

Guter Wille, auf mich gerichtet, hat niemals etwas im voraus entschieden. Das Persönliche (auf mich Gerichtete) einer Gabe ist in meiner Wahrnehmung der Gabe abwesend. Ich bin nicht für mich dankbar und nicht für den Nachbarn, ich bin dankbar.

Ich bin nicht käuflich. Darin liegt alles begründet. Mich kann man nur mit Wesenheit kaufen. (Das heißt – meine Wesenheit!) Mit Brot kauft ihr: Heuchelei, falschen Eifer, Liebenswürdigkeit – alles, was bei mir Schaum … wenn nicht Abschaum ist.

Kaufen – sich loskaufen. Von mir kauft man sich nicht los.

Kaufen kann man mich nur mit dem ganzen Himmel in sich. Dem Himmel, in dem vielleicht nicht einmal Platz für mich ist.

Dankbar bin ich un-persönlich, das heißt nur dort, wo ich, ohne den guten Willen eines Menschen und ohne sein Wissen, selbst nehmen kann.

Eine Beziehung ist keine Wertung. Ich bin es müde, das zu wiederholen. Vielleicht bin ich, weil du mir Brot gegeben hast, gutmütiger geworden, doch du bist darum nicht herrlicher geworden.

Eine Tat ist keine Beziehung, eine Beziehung keine Wertung, die Wertung (zum Beispiel durch einen Kritiker Bloks) nicht die Wesenheit (Blok).

Wesenheit – Intention – ist nur über das Gehör vernehmlich.

Ein Stück Brot von einem widerwärtigen Menschen. Ein glücklicher Zufall. Nicht mehr.

Ich esse euer Brot und schmähe. – Ja. –

Nur der Eigennutz ist dankbar. Nur der Eigennutz mißt das Ganze (die Wesenheit) nach dem Stück, das ihm gegeben. Nur kindliche Blindheit, die in die Hand *sieht*, behauptet: ›Er hat mir Zucker gegeben, er ist gut.‹ Der Zukker ist gut, ja. Doch das Wesen eines Menschen nach dem Zucker und den ›Trinkgeldern‹ zu bewerten, die man von ihm empfangen hat, ist nur bei Kindern und Dienstboten verzeihlich: beim Instinkt.

Und auch da nicht: oft beobachten wir Hunde, die ihren nichts gebenden Herrn der sie fütternden Köchin vorziehen.

Die Quelle der Güter den Gütern gleichzusetzen (die Köchin dem Fleisch, den Onkel dem Zucker, den Gast den Angebinden) ist ein Zeichen für gänzliche Unterentwicklung von Seele und Denken. Ein Geschöpf, das über seine fünf Sinne nicht hinausgekommen ist.

Ein Hund, der liebt, weil man ihn ansieht, steht höher als eine Katze, die liebt, weil man sie streichelt, und eine

Katze, die liebt, weil man sie streichelt, höher als ein Kind, das liebt, weil man es füttert. Alles hängt von den Graden ab.

So, von der einfachsten Liebe für Zucker zur Liebe für Güte, zur Liebe beim Anblick, zur Liebe ohne Anschaun (auf Entfernung),[1] zur Liebe ohne Rücksicht (auf Abneigung), von der kleinen Liebe *für* zur großen Liebe *über* (mich) *hinaus*, von der (mit Willen eines anderen!) empfangenden Liebe zu der (selbst über seinen Willen hinweg, ohne sein Wissen und gegen seinen Willen!) nehmenden Liebe – zur Liebe *an sich*.

Je älter wir sind, desto mehr wollen wir: in der Kindheit nur Zucker, in der Jugend nur Liebe, im Alter nur (!) Wesenheit (dich über mich hinaus).

Je weniger wir die äußeren Güter schätzen, desto leichter geben und nehmen wir sie, desto weniger sind wir für sie dankbar.

(In der Praxis: Dankbarkeit für Brot (eine Spende) halte ich nur für möglich als eine stumme. In der ausgesprochenen liegt etwas Beschämendes für den Gebenden, etwas wie ein Vorwurf.)

Die Freude über Brot, das ist die größte Dankbarkeit! Dankbarkeit, die mit dem letzten Schlucken der Speiseröhre endet.

1. Hieraus mein ganzes Ich. (M. Z.)

Muß diese Einzelheit, Kleinigkeit, Selbstverständlichkeit (für mich) – *Geben* – denn unvermeidlich zu einem Berg anwachsen wegen des Zusatzes: *mir*.

Ich weiß doch, wie man gibt: blind! Und werde ich selbst es denn dulden, daß man mir für Brot dankt? (Für Verse werde ich es nicht dulden – so!)

Bin etwa ich das Brot?! Sind die Verse (Zufälligkeit der Liedbegabung) denn ich?!

Ich bin – und das unter dem Himmel – einzig. Trollt euch und dankt.

Ich will nicht niedrig von den Menschen denken. Wenn ich einem Menschen Brot gebe, dann gebe ich einem Hungrigen, das heißt seiner Speiseröhre, das heißt *nicht ihm*. Seine Seele hat damit nichts zu tun. Ich kann einem beliebigen geben – und nicht ich gebe: ein beliebiger. Das Brot gibt sich selbst. Und ich will nicht glauben, daß ein beliebiger, da er meiner Speiseröhre gibt, nach meiner (oder meine) Seele verlangt.

Nicht die Speiseröhre aber gibt: die Seele! Nein – die Hand. Diese Gaben sind nicht persönlich. Kurios, den einen Magen dem anderen vorziehen zu wollen, und wenn schon, dann den hungrigeren. Der hungrigere – heute – ist der meine (deine). Ich bin dafür nicht verantwortlich.

Wenn so der Gebende (die Hand) und der Empfangende (die Speiseröhre) festgelegt sind, wie kurios, wollte das eine Stück Fleisch von dem anderen Stück Fleisch ... Dankbarkeit fordern.

Seelen sind dankbar, aber Seelen sind ausschließlich für Seelen dankbar. Hab Dank dafür, daß du bist.

Alles, was sonst noch von mir zu einem Menschen und von einem Menschen zu mir geht, ist Beleidigung.

Geben, das ist nicht unsere Wirksamkeit! Nicht unsere Persönlichkeit! Nicht Leidenschaft! Nicht Wahl! Etwas, das allen gehört (Brot), folglich mir (ich habe keins) weggenommen wurde, kehrt (über dich) zu mir (über mich zu dir) zurück.

Dem Bettler das Brot – Wiederherstellung der Rechte.

Wenn wir gäben, wem *wir* wollten, wären wir die übelsten Schufte. Wir geben dem, *der* will. Sein Hunger (Wille!) ruft unsere Geste (Brot) hervor. Gegeben und vergessen. Genommen und vergessen. Keinerlei Verbundenheit, keinerlei Nähe. Habe ich gegeben, grenze ich mich ab. Habe ich genommen, grenze ich mich ab.

Ohne Folgen.

– ›Ja, weshalb sollte ich dir etwas geben?‹
– Um kein Halunke zu sein.

Ich erinnere mich, wie ich als Gymnasiastin in einem zur Kirche gehörenden Durchgangshof einem Bettler begegnete. ›Um Christi willen, eine Gabe!‹ Ich gehe vorüber. ›Um Christi willen, eine Gabe!‹ Ich gehe weiter. Er, im Laufen: ›Wenn nicht um Gottes, dann eben um des Teufels willen!‹

Warum ich gegeben habe? Er geriet in Zorn.

Brot. Geste. Geben. Nehmen. Das wird *dort* nicht sein. Deshalb ist alles, was aus Geben und Nehmen erwächst, Lüge.

Selbst das Brot ist Lüge. Nichts Auf-Brot-Gebautes wird heil bleiben (mit Hefe Verrührtes wird nicht aufgehen). Der Hefeteig unserer Brotsinne wird bei den Kältegraden der Unsterblichkeit unvermeidlich zusammenfallen.

Es lohnt nicht des Verrührens.

Nehmen ist eine Schmach, nein, Geben ist eine Schmach. Der Nehmende, wenn er einmal nimmt, empfindet sie offenbar nicht, der Gebende, wenn er einmal gibt, empfindet sie offensichtlich. Da ist diese Gegenüberstellung von Haben und Nichthaben ...

Geben sollte man auf Knien, wie die Bettler bitten.

Zum Glück sind mit dieser Schmach der Spende nur die Bettler belohnt. (Feinfühligkeit gegenüber ihrer Gabe!) Die Reichen beschränken sich darauf, beim Honorar für den Doktor etwas zu zögern.

Dankbarkeit: vom Liebäugeln bis zum Auf-den-Kopf-Stellen. Ich kann mich nur an der Hand erfreuen, die das Letzte gibt, folglich: ich kann einem Reichen niemals dankbar sein.

... Es sei denn für seine Schüchternheit, seine Schuldbewußtheit, die ihn im Nu unschuldig macht.

Der Arme sagt, wenn er gibt: ›Verzeih, daß es so wenig ist.‹ Die Verlegenheit des Armen auf Grund des ›Mehr kann ich nicht‹. Wenn der Reiche gibt, sagt er nichts. Die Verlegenheit des Reichen auf Grund des ›Mehr will ich nicht‹.

Geben ist soviel leichter als Nehmen – und soviel leichter als *Sein.*

Die Reichen kaufen sich los. Oh, die Reichen haben wahnsinnige Furcht – wenn nicht vor der Revolution, so vor dem Jüngsten Gericht. Ich kenne eine Mutter, die für ein fremdes (krankes!) Kind nur deshalb Milch kauft, damit ihrem eigenen (gesunden) nichts zustößt. Die reiche Mutter kauft, indem sie das fremde Kind vor dem (sicheren) Tod rettet, nur ihr eigenes von einem möglichen Tod los. (›Das Schicksal beschwören!‹)

Ich sehe auf den Ursprung der Tat, ihre Absicht. Diese Milch wird sich ihr, der reichen Mutter, beim Jüngsten Gericht in Pech verwandeln.

Wohltätigkeit. Der Ring des Polykrates.

Die Gabe des Bettlers (die schwerverdiente, letzte!) ist unpersönlich. ›Gott gibt.‹ Die Gabe des Reichen (Überschuß, nahezu Ausschuß) hat Vornamen, Vatersnamen, Nachnamen, Rang, Titel, Geschlecht, Tag, Stunde, Datum. Und – ein Gedächtnis. Die rechte Hand hat gegeben, aber im Gedächtnis behalten es alle beide.

Wenn der Bettler von Hand zu Hand gegeben hat, vergißt er es. Der Reiche, der es über einen Diener hinausschickte, erinnert sich. Und vertieft man sich darein, wird es klar: entlastendes Material für das Jüngste Gericht.

– Ein zweifelhaftes Material.

Moskau, Juli 1919.

Auszüge aus dem Buch
›Irdische Zeichen‹

Geheimnisvolle Langeweile der großen Kunstwerke, angefangen bei ihren Namen: Die Venus von Milo, Die Sixtinische Madonna, Das Kolosseum, Die Göttliche Komödie. (Eine Ausnahme bildet die Musik. Die ›Neunte Symphonie‹ – hebt immer hinauf!)

Als sei die Langeweile aller ihrer Leser, Verehrer, Aufseher, Ausdeuter mit Pudgewichten an ihnen hängengeblieben …

Und die geheimnisvolle Anziehungskraft der weltumspannenden Namen: Helena, Roland, Cäsar (einschließlich auch der Schöpfer obengenannter Schöpfungen, soweit ihre Namen erhalten sind).

Das Gesagte bezieht sich auf den Klang ihrer Namen, auf meine akustische Wahrnehmung. Was jedoch die Wesenheit betrifft – folgendes:

Der Schöpfung ziehe ich ohne Zweifel den SCHÖPFER vor. Nehmen wir die Gioconda und Leonardo. Die Gioconda ist das Absolute, Leonardo, der uns die Gioconda hinterließ, ein großes Fragezeichen. Doch vielleicht ist die Gioconda eben die Antwort auf Leonardo? Ja, aber keine erschöpfende. Jenseits der Grenzen einer kundgetanen Schöpfung klafft noch ein tiefer Abgrund – der SCHÖPFER: das gesamte schöpferische CHAOS, alle Himmel, alle Tiefen, jedes Morgen, alle Sterne – alles, was mit dem irdischen Tod hier abreißt.

So verwandelt sich das Absolute (die Schöpfung) für mich in etwas Relatives: die Meilensteine zum SCHÖPFER.

– ›Aber das bedeutet die Vernichtung der Kunst!‹ – Ja. Kunst ist nicht Selbstzweck: eine Brücke, aber nicht das Ziel.

Ein Kunstwerk antwortet, ein lebendiges Schicksal fragt (Sehnsucht des Geborenen nach Verkörperung in der Kunst!). Das Kunstwerk, als ein Vollendetes, befiehlt, das lebendige Schicksal, als ein Unvollendetes, bittet. Willst du das *Absolute*, gehe zur – Miloschen Venus, zur – Sixtinischen Madonna, zum – Leonardoschen Lächeln; wenn du das Absolute geben (antworten!) willst, gehe – einfach – zu Aphrodite, einfach – zu Maria, einfach – zum Lächeln: an den Deutungen vorbei, zur Urquelle, d. h., tu das, was die Schöpfer dieser namenlosen oder namentragenden Werke taten.

Damit würdigst du weder Goethe noch Leonardo noch Dante herab. Deine Stummheit vor ihnen ist dein Tribut an sie. Was kann man auf eine erschöpfende Antwort entgegnen? Du schweigst.

Doch wenn du in die Welt gesetzt bist, um Antworten zu geben, erstarre nicht im seligen Nichtsein, nicht so haben Goethe, Leonardo, Dante geschaffen und schaffend das nicht gewollt. Gestürzt-Sein – ja, aber auch Aufstehen-Können: angepreßt – sich losreißen, zugrunde gegangen – auferstehen.

Mach einen Kniefall – und geh vorüber: in die ungeborene, ungeschaffene, dürstende Welt.

In dieser *zurückwerfenden* Kraft besteht auch die Hauptstärke großer Kunstwerke. Das Absolutum wirft zurück – auf das Schaffen von Absoluta! Darin ist auch ihre Wirksamkeit und ihr ewiges Leben beschlossen.

Zwischen der Gioconda (der absoluten Auslegung des LÄCHELNS) und mir (dem Bewußtsein dieses Absoluten) ist aber nicht nur meine Stummheit – da sind auch Milliarden Ausleger dieser Auslegung, alle über die Gioconda geschriebenen Bücher, die gesamte fünf Jahrhunderte alte Erfahrung von Augen und Köpfen, die sich um sie bemühten.

Ich habe damit nichts zu schaffen.

Sie ist absolut, vollbracht, vollendet, gedeutet, vielgeliebt.

Das einzige angesichts der Gioconda Mögliche ist *Nichtsein.*

›Aber die Gioconda fragt mit ihrem Lächeln!‹ Darauf antworte ich: ›Die Frage ihres Lächelns ist – ihre Antwort.‹ Die Unvermeidlichkeit der Frage ist das Absolute der Antwort. Die Wesenheit des Lächelns ist die Frage. Die Frage ist in Ununterbrochenheit gegeben, folglich ist das Wesen des Lächelns gegeben, seine Antwort, sein Absolutum.

Das LÄCHELN (Gioconda) von Gelehrten, Künstlern, Dichtern und Zaren deuten zu lassen ist sinnlos. Gegeben ist das GEHEIMNIS, das Geheimnis als Wesenheit und Wesenheit als Geheimnis. Gegeben ist das GEHEIMNIS an sich.

Lieben heißt, den Menschen so sehen, wie ihn Gott im Sinn hatte und die Eltern nicht verwirklicht haben.

Nicht lieben heißt, an seiner Stelle – Tisch, Stuhl sehen.

Die Tochter, der man den Vater getötet hat, ist eine Waise. Die Frau, der man den Mann getötet hat, eine Witwe. Und die Mutter, der man den Sohn getötet hat?

Stets bekreuzige ich mich, wenn ich über einen Fluß fahre. Ohne zu überlegen. Wüßte gern, ob es im Volk so eine Regel gibt. Wenn nicht, dann hat es sie sicher einmal gegeben.

Blutsverwandtschaft ist grob und fest, Wahlverwandtschaft – fein.

Wo das Garn fein ist, reißt es leicht.

›Ich werde euch nicht verlassen!‹ So kann nur GOTT sprechen – oder der Mushik mit der Milch, in Moskau im Winter 1918.

Ich und das THEATER:

Ich gehöre zu den Zuschauern, die nach Beendigung des Mysterienspiels Judas in Stücke reißen.

Das ganze Geheimnis besteht darin, das, was vor hundert Jahren war, wie heute zu sehen, und das Heute so wie vor hundert Jahren.

(Die Tilgung … ich wollte schreiben: des Raumes. Nein, der Zeit. Doch ›Zeit‹ kann man nicht anders denken als: Entfernung. Und ›Entfernung‹ sofort in Wersten, Wegpfählen. Folgt: Wersten, das sind räumliche Jahre, genauso wie das Jahr – in der Zeit – eine Werst ist.

So oder anders, aber Jahre und Wersten zu versetzen ist notwendig.)

Eine Werst: wegführend! Wieviel besser ist das als ›ausgehend‹. (Ich spreche nicht von ›hereinkommend‹: hereingekommen – also dageblieben!)

Liebe ist wie ein Zauberspruch:

Zur rechten Zeit,
Am rechten Ort,
Der rechte Mann –
Das rechte Wort.[1]

Und das Wichtigste – das Wort! Zeit, Ort, Mann trete ich ab.

•

Wenn ich aus einer Stadt abreise, kommt es mir vor, als nehme sie ein Ende und höre auf zu sein. So geht es mir z. B. mit Freiburg, wo ich als Kind war. Jemand erzählt: ›Im Jahre 1912, als ich auf der Durchreise durch Freiburg‹ … Der erste Gedanke: ›Ist das möglich?‹ (Das heißt: ist es möglich, daß es, Freiburg, besteht, noch weiterbesteht?) Das ist nicht Eigendünkel, ich weiß, daß ich im Leben der Städte – ein Nichts bin. Das ist nicht: *ohne mich?!* sondern: *an und für sich?!* (Das heißt: es ist wirklich da, außerhalb meines Gesichtskreises, nicht ich habe es ausgedacht?)

Wenn ich aus einem Menschen verschwinde, kommt es mir vor, als nehme er ein Ende, höre auf zu sein. So geht es mir z. B. auch mit Z. Jemand erzählt: ›Im Jahre 1917, als ich mit Z zusammentraf‹ … Der erste Gedanke: ›Ist das möglich?‹ (Das heißt: ist es möglich, daß er, Z, existiert, noch weiterexistiert?) Das ist nicht Eigendünkel, ich weiß, daß ich im Leben der Menschen – ein Nichts bin …

›Ein Ende nehmen, aufhören zu sein.‹ Diesbezüglich muß man zwei Fälle unterscheiden.

Der erste:

Menschen und Städte, die durch mich sehr aufgelebt sind

1. im Original deutsch.

(wiederbelebt? ausgepreßt?), verschwinden unwiderruflich: als ob sie versunken wären. Nicht als hallendes Kiteshi[1] – als klangloses Herculaneum.

Die Städte und Menschen jedoch, die mir nur als flüchtiges Spielzeug dienten – erstarren: an dem nämlichen Platz, in der nämlichen Geste. Wie im Stereoskop.

Wenn ich von ersteren höre, bin ich erstaunt: *steht sie* wirklich? Wenn ich von letzteren höre, bin ich erstaunt: *wächst* sie tatsächlich?

Ich wiederhole: das ist nicht Eigendünkel, das ist tiefes, unschuldiges, manchmal freudiges Bestürztsein. Ich höre zu, frage nach dem und jenem, nehme teil, fühle mit ... und insgeheim: ›Nicht Freiburg. Nicht das Freiburg. Ein Scheinfreiburg. Eine Täuschung. Etwas Untergeschobenes.‹

Man muß, in der Revolution, vieles hinter Schloß und Riegel sperren: alles außer den Truhen! Und danach diesen Schlüssel ins Meer werfen ... doch so ein Meer gibt es gar nicht!

Nein, danach diesen Schlüssel schweigend und mutig GOTT aushändigen.

Gott spreche ich aus wie ein Ertrinkender: in einem Seufzer. Ein dunkles Gefühl: Gott sollte nicht aufgestört werden (es zu wissen), wenn du es selbst kannst. Und das ›Du kannst‹ wächst mit jedem Tag ...

Bei Mandelstam gibt es darüber wunderbare (Jünglings-) Verse:

>›... Herrgott! mir entfuhr es unwillkürlich,
>Meint es auszusprechen doch nicht selbst ...‹

und dann:

>›Gottes Name, wie ein großer Vogel
>Schwirrte er hervor aus meiner Brust ...‹

1. eine versunkene Märchenstadt.

Unwillkürlich. – Doch ich würde mich nie vermessen, mich als gläubig zu bezeichnen, und dies – als ein Gebet.

Was habe ich im Leben nicht alles zum Schaden von anderem verkündet!

Die Fotografie zum Schaden des Porträts, das Leibeigenschaftsrecht zum Schaden des Rechts überhaupt, Kohl zum Schaden der Rose, Marfa zum Schaden Marias, die Altgläubigen zum Schaden Peters ... Das Gegenteiligste von mir – zum Schaden meiner selbst!

Und nicht aus Sport (fehlt mir!), nicht um des Streites willen (ich leide!) – aus reinem Gerechtigkeitssinn: ganz recht, wenn es benachteiligt ist.

Und außerdem: aus der absoluten Unmöglichkeit, mit-zufühlen (-zudenken, -zulieben) mit den Heuchlern, die insgeheim ganz gewiß die Fotografie dem Porträt, das Leibeigenschaftsrecht dem Einfach-Recht, Kohl der Rose, Marfa der Maria, die Langbärtigen Peter vorziehen.

Doch da ist noch ein Geheimnis: das Ding, das benachteiligt ist, beginnt recht zu bekommen. Es nimmt all seine Kräfte zusammen und – richtet sich auf, all seine Rechte auf Dasein und – steht.

(NB! Die Wirksamkeit verfolgter Gedanken und Menschen!)

Gibt es doch keine endgültige Lüge, hat doch jede Lüge wenigstens einen Strahl – zur Wahrheit. Und nun folgt sie als Ganzes diesem Strahl. Die entdeckte und geahndete Schuld wird bereits zu einem Unglück, die Verantwortung fällt auf die Häupter der Richter. Der – hier verurteilte – Verbrecher ist vor Gott rein. Doch da ist noch ein Geheimnis, und vielleicht das furchtbarste: das Ansteckende der von uns bestraften Übel, die Vererblichkeit der Schuld. Der Verbrecher, der durch uns gewaltsam von seiner Krankheit befreit wird, überträgt die Krankheit auf uns. Jeder Richter, jeder Henker ist ein Erbe.

Zudem zeigt sich darin so etwas wie der Wille des Blutes. Das irdische Blut muß vergossen werden. Der Verbrecher existiert nicht mehr, der nächste Angehörige ist der Henker (oder der Richter, ganz gleich!). Das nicht bis zum letzten Tropfen vergossene Blut des Missetäters brüllt dem Henker zu: gieß aus! Der Augenblick der Hinrichtung ist der Augenblick des Bundes. Der erste Tropfen des aufschießenden Verbrecherblutes ist schon die Annahme des Besitzes ... und der Verantwortung.

Es gibt Ehen, geheimnisvoller als die von Mann und Frau.

(Geheimnisvolle Übereinstimmung: Altar, Richtblock; Axt, Kreuz; Volk, Chor; Richter, Priester; Henker und Opfer – ehelichend; anstelle des unsichtbaren Gottes – der unsichtbare Teufel. Teufelshochzeit umgekehrt – mit der gleichen Unverbrüchlichkeit des lautlosen Gelöbnisses.)

Keine einzige Wahrheit (aus dem Reiche DORT) kann im Reiche HIER nicht zur Lüge werden. Keine einzige Lüge (aus dem Reiche HIER) kann im Reiche DORT nicht zur Wahrheit werden.

Wahrheit – eine Überläuferin.

Im Kommissariat:

Ich, unschuldig: ›Ist es schwer, ein Instrukteur zu sein?‹

Meine Kameradin aus dem Kommissariat, eine Estin, Kommunistin:

›Überhaupt nicht schwer! Stellst dich an eine Mülltonne – und schreist, schreist, schreist‹ …

Der Bougeoisie war verboten worden, zum Schneeräumen Pferde zu benutzen. Da mietete sich die Bourgeoisie, ohne lange zu überlegen, ein Kamel. Und das Kamel räumte. Und die Soldaten lachten verständnisvoll. ›Schlauköpfe! Haben das Dekret geschickt umgangen!‹

(Mit eigenen Augen am Arbat gesehen.)

Oh, Speise einzige des Landes,
Wo wir den Kommunismus baun!
(Gedicht über die Plötze in der Zeitung ›Immer vorwärts!‹)

Theaterleute können nicht ertragen, wie ich Gedichte lese. ›Sie verderben sie!‹ Sie, die Hausierer mit Zeilen und Gefühlen, begreifen nicht, daß der Auftrag des Schauspielers verschieden ist von dem des Dichters. Sache des Dichters: offenbarend verbergen. Die Stimme ist für ihn Panzerhemd, Maske. Ohne die Decke der Stimme ist er nackt. Der Dichter verwischt stets die Spuren. Die Stimme des Dichters löscht – als Wasser – den Brand (der Zeilen). Der Dichter *kann nicht* rezitieren: es ist beschämend und kränkend. Der Dichter ist ein Abgeschiedener, die Bühnenbretter sind für ihn der Pranger. Die eigenen Gedichte mit der Stimme (dem vollkommensten aller Leitinstrumente!) darbringen, PSYCHE für den *Erfolg* benutzen?! Mir reicht das große Geschäft des Aufschreibens und Druckens.

– Ich bin nicht der Impresario der eigenen Schande! –

Ein Schauspieler, das ist etwas anderes. Ein Schauspieler

ist etwas Sekundäres. Wie sehr der Dichter être[1] ist, so sehr ist der Schauspieler paraître.[2] – Der Schauspieler ist Vampir, der Schauspieler ist Efeu, der Schauspieler ist Polyp. Sagt, was ihr wollt: ich werde niemals glauben, daß es Iwan Iwanowitsch (und sie sind alle Iwan Iwanowitschs!) jeden Abend freisteht, sich als Hamlet zu fühlen. Der Dichter ist der Gefangene von Psyche, der Schauspieler will Psyche gefangennehmen. Der Dichter ist am Ende Selbstzweck, er ruht in sich (in Psyche). Setzt ihn auf eine Insel, wird er deshalb aufhören zu *sein*? Welch trauriger Anblick dagegen: eine Insel – und ein Schauspieler!

Der Schauspieler existiert – für andere, ohne andere ist er nicht denkbar, der Schauspieler ist anderer wegen da. Der letzte Applaus ist auch der letzte Schlag seines Herzens.

Sache des Schauspielers ist die Stunde. Er muß sich beeilen. Und muß vor allem ausnutzen: Eigenes, Fremdes – ganz gleich! Shakespeares Verse und die eigenen strammen Schenkel in einen Topf! Und sich an diesem zweifelhaften Trunk zu berauschen, schlagt ihr mir, dem Dichter, vor?! (Ich spreche nicht von mir und nicht für mich: für Psyche!)

Nein, meine Herren Schauspieler, unsere Reiche sind nicht dieselben. Uns – eine Insel ohne Tiere, euch – Tiere ohne Insel. Nicht ohne Grund hat man euch in früheren Zeiten hinter der Friedhofsmauer begraben!

(Die Ausnahme: Sänger, die, von der Gewalt der Stimme unterdrückt, in der Stimme aufgehen; Schauspielerinnen, das ist: Frauen: das ist: solche, die von Natur aus sich selbst spielen; und alle die, welche, da sie mich lasen, *verstanden* und – *verharrten*.)

1. Sein. – 2. Scheinen.

All das, und zweifellos das und nichts anderes, ist schon von jenem Juden gesagt worden, für den ich alle Russen hingebe, verkaufe, verrate, nämlich: von Heinrich Heine – in folgender gemäßigter Notiz: ›Das Theater ist nicht günstig für den DICHTER, und der DICHTER ist nicht günstig für das THEATER.‹

Die Kunst der Unterhaltung besteht darin, vor dem Gesprächspartner dessen Bettelarmut zu verbergen. Die Genialität – ihn zur gegebenen Stunde ein Krösus *sein* zu lassen.

Moskau sieht jetzt mit einem Argwohn auf die Straßenbahnen, als erblickte es einen vom Tod erstandenen Lazarus. (Und, im selben Augenblick Moskau und die Straßenbahnen vergessend: aber der Argwohn des Lazarus gegen die Welt ist doch schlimmer!)

Lazarus: auf ewig glasige Augen. Lazarus – Augen – Glas …[1] Und dazu: glas des morts …[2] (Etwa daher?)

›Erwecke ihn, weil wir uns ohne ihn härmen!‹ ist das gleiche wie: ›Wecke ihn auf, weil wir ohne ihn nicht gut schlafen‹ … Ist das denn ein Argument? Oh, welch totes, fleischliches, ungeheuerliches Wunder! Was für eine Gewalttat gegen Lazarus und was für eine, noch schrecklichere, gegen sich selbst!

Lazarus, der *von dort* zurückkehrt: der Tote zu den Le-

1. Wortspiel mit Lazarus (russ. Lasar), Augen (russ. glasa) und Glas (im Original deutsch). – 2. Totenglocke.

benden, und Orpheus, der *dort hin*absteigt: der Lebende – zu den Toten ... Die klaffende Grube und die Elysäischen Felder. Wie klar! Lazarus konnte *von dort* nur Moder mitbringen: der Geist, der ins LEBEN auferstanden ist, ›aufersteht‹ nicht zum Leben. Orpheus dagegen ging aus dem Leben fort – ins LEBEN. Ohne fremdes Gebot: aus eigenem Antrieb.

(Vielleicht aber einfach der Ritus der Bestattung? Dort die Urne, hier die Gruft. Orpheus kam im Aides[1] ein aus der Asche erstandener Schemen entgegen, Maria und Martha aber – ein Leichnam.)

Wie leid tut mir Christus! Wie leid tut mir Christus wegen seiner gewaltsamen Wunder! Christus, der gekommen ist, Berge zu versetzen – mit dem Wort! ›Beweise es, dann glauben wir!‹ – ›Wir glauben, aber bestätige es!‹ Zwischen dem Wunder zu Kanaan (auf Marias Bitte) und dem prüfenden Finger des Thomas – eigenartiger Appell an ihn. Wäre Maria scharfsichtiger, sie sähe hinter der Verwandlung von Wasser in Wein eine andere Verwandlung: die von Wein – in Blut ...

Ich bin überzeugt, daß Johannes von Christus keine Wunder erbeten hat.

Im Kommissariat: (3 M)

›Nun, wie haben Sie die Kartoffeln fortgebracht?‹

›Es ging gut, mein Mann hat mich abgeholt.‹

›Wissen Sie, man muß dem Mehl Kartoffeln beigeben. $^2/_3$ Kartoffeln, $^1/_3$ Mehl.‹

1. Hades.

›Wirklich? Das muß ich meiner Mutter sagen.‹

Und bei mir: weder Mutter noch Mann, noch Mehl.

Das ›Prager Gasthaus‹ an der Ecke Nikolo-Pskowski-Gasse und Arbat. Ich erinnere mich, während des Krieges war dort eine Büste von Bonaparte. Die Februarrevolution ersetzte ihn durch Kerenski. Ach, Kerenski! Ich habe ein Souvenir: ein türkisfarbenes Pappbüchlein mit Goldrand, schlägst du es auf, ist links ein zerbrochenes Spiegelchen, rechts Kerenski. Kerenski, Tag und Nacht in die Scherben seiner Hoffnungen blickend. Diese Reliquie bekam ich von meiner Kinderfrau Nadja im Austausch gegen einen richtigen Spiegel, einen heilen, ohne den Diktator.

Zurück zum Gasthaus: Kerenski wurde vom Oktober durch Trotzki ersetzt. Die furchterregende Grimasse von Trotzki, die auf die schlingenden Kinder blickt. Und obendrein durch Marx, der, mit Trotzki beschäftigt, die Kinder nicht beachtet. Die berüchtigte und umstrittene Suppe schütten die Kinder übrigens in die Schüssel des Bernhardiners *Mars*, der von 12 bis 2 Uhr an der Tür Wache hält. Manchmal fällt auch für die Schüsseln der Bettlerinnen etwas ab: Mars ist nicht eifersüchtig.

Es ist unanständig, hungrig zu sein, wenn der andere satt ist. Korrektheit ist bei mir stärker als der Hunger – sogar als der Hunger meiner Kinder.

»Wie geht es Ihnen, haben Sie alles?«

»Gott sei Dank, vorläufig ja.«

Was muß man sein, um einen Menschen durch eine negative Antwort so zu enttäuschen, so zu verwirren, so zu zerstören?

– Einfach eine Mutter.

(Jetzt, im Jahre 1923, stelle ich die Frage anders:

Was mußte man sein, um damals, im Jahre 1919, in Moskau, mich kennend und meine Kinder sehend, so zu fragen?!

– Einfach ein ›Bekannter‹.)

(Zweite Bemerkung:

Nicht Korrektheit – Hellhörigkeit für die Intonation! Die Frage diktiert die Antwort. Auf ›ich habe nichts‹ könnte bestenfalls folgen: ›wie bedauerlich!‹

Der Gebende fragt nicht.)

Meine hartherzigen Freunde! Wenn ihr, statt mich am Teetisch mit Keksen zu bewirten, mir einfach ein Stückchen Brot für morgen früh geben würdet ...

Doch ich bin selbst schuld, ich lache zuviel unter den Menschen.

Übrigens – stehle ich bei euch dieses Brot, sobald ihr draußen seid.

Mein Diebesgut aus dem Kommissariat: zwei großartige karierte Notizbücher (gelb, lackiert), eine ganze Schachtel Federn, ein Fläschchen englische rote Tinte. Damit schreibe ich auch.

Die Kurve führt heraus, die Gerade zieht auf den Grund.

Statt ›Monplenbesh‹ schreibe ich gedankenverloren ›Monplaisir‹. (Monplaisir – etwas in der Art eines kleinen Versailles im 18. Jh.)

Mein ›Ich will nicht‹ ist immer ›Ich kann nicht‹. In mir ist keine Willkür. ›Ich kann nicht‹ – und sanfte Augen.

Mein ›Ich kann nicht‹ ist eine gewisse naturgegebene Schranke, nicht nur das meine, jedes. Dem ›Ich will‹ ist keine Schranke gesetzt, deshalb gibt es auch kein ›Ich will nicht‹.

Ich will nicht ist Willkür, ich kann nicht Notwendigkeit. ›Was mein rechter Fuß möchte‹ ... ›Was mein linker Fuß vermag‹ – das gibt es nicht.

Kann-nicht ist heiliger als Will-nicht. Kann-nicht, das sind alle überwundenen Will-nicht, alle berichtigten Versuche zu wollen – es ist die Schlußbilanz.

Mein ›Ich kann nicht‹ ist am wenigsten Schwäche. Mehr noch: es ist meine Hauptstärke. Folglich ist etwas in mir, das, entgegen all meinen Wünschen (den Zwängen auf mich!) dennoch nicht will, gegen meinen gesamten wünschenden Willen, der gegen mich gerichtet ist. Nicht will für mein ganzes Ich, folglich gibt es (ohne meinen Willen!) ein ›In mir‹, ›Mein‹, ›Von mir‹, gibt es das Ich.

Ich will nicht in der Roten Armee dienen. Ich kann nicht in der Roten Armee dienen. Ersteres schickt voraus: ›Könnte, aber will nicht!‹ Das zweite: ›Wollte, aber kann nicht.‹ Was ist wichtiger: einen Mord nicht verüben können oder einen Mord nicht verüben wollen? Im Nicht-Können steckt unsere ganze Natur, im Nicht-Wollen unser bewußter Wille. Wenn man aus der ganzen Wesenheit den Willen höher wertet, heißt es natürlich: ich will nicht. Wenn man die ganze Wesenheit wertet, natürlich: ich kann nicht.

Die Wurzeln des Kann-nicht liegen tiefer, als man berechnen kann. Das Kann-nicht sprießt von dort hervor, woher auch unsere ›Ich kann‹ stammen: alle Begabungen, alle Offenbarungen, alle unsere Leistungen[1]: die Hände, welche Berge versetzen, die Augen, welche Sterne anzünden. Aus den Tiefen des Blutes oder aus den Tiefen des Geistes.

Ich spreche von dem althergebrachten Ich-kann-nicht, dem tödlichen Ich-kann-nicht, jenem Ich-kann-nicht, dessentwillen man sich in Stücke reißen läßt, vom *sanften* Ich-kann-nicht.

Ich behaupte: Ich-kann-nicht und nicht Ich-will-nicht schafft Helden!

Und möge mein Ich-will-nicht mein Ich-kann-nicht sein: das große und letzte Ich-will-nicht des ganzen Wesens. Wir werden die ungeheuerlichsten Dinge *wollen.* Füße, schreitet aus! Hände, greift zu! um im letzten Augenblick – die Beine wie angewurzelt, die Axt entgleitet den Händen – ›ich kann nicht‹ zu sagen.

Laßt uns mit dem Wollen beginnen! Laßt uns alles durchwollen! ›Ich kann nicht‹ ohne alle erprobten ›Ich will‹ ist erbärmliche Schwäche und endet natürlich mit: ich kann.

1. im Original deutsch.

– Aber wenn ich nicht nur nicht kann (sagen wir verraten), wenn ich überdies auch nicht *können* will? (verraten).

Doch in diesem Munde ist Ich-will-nicht eben Ich-kann-nicht (nicht nur mein Wille, meine ganze Wesenheit will nicht!), doch in diesem Munde ist Ich-kann-nicht eben Ich-will-nicht (nicht nur meine unbewußte Wesenheit, auch mein Wille will nicht!).

Ich kann dies nicht wollen, und ich will dies nicht können.

– Eine Formel. –

Ich kann nicht: 1) einen Wurm in die Hand nehmen, 2) mich nicht zur Wehr setzen für einen anderen (ob er schuldlos oder schuldig, ob hier oder hundert Werst entfernt, heute oder vor hundert Jahren – ganz gleich), 3) mich zur Wehr setzen – für mich, 4) gemeinschaftlich lieben.

Ich brauche nur anzuheben, einem Menschen zu erzählen, was ich fühle, da höre ich schon den Zwischenruf: ›Aber das ist doch eine Überlegung!‹

Gefühle sind für die Leute irgendwelche barhäuptige Furien, etwas, das nicht in ihnen vorgeht: das über sie hereinbricht. Eine Art Bergsturz, unter dem sie sofort – zu Brei werden!

– anders:

Die Klarheit meiner Gefühle nötigt die Leute, sie für Überlegungen zu halten.

Ich bin nicht in mich verliebt, ich bin in diese Arbeit verliebt: das Zuhören. Ließe ein anderer mich ebenso sich zuhören, wie ich selbst es zulasse (gäbe er sich ebenso mir, wie ich mich selbst gebe), würde ich ebenso einem anderen zuhören.

Anderen gegenüber bleibt mir nur eins: zu mutmaßen.

– Erkenne dich selbst! –

Ich habe erkannt. – Und dies erleichtert mir nicht im geringsten die Erkenntnis eines anderen. Im Gegenteil, sobald ich von mir auf einen anderen schließe, stellt sich Mißverständnis auf Mißverständnis ein.

Ich denke nicht, ich höre zu. Danach suche ich die genaue Verkörperung im Wort. Es entsteht der Eispanzer einer Formel, unter dem nur – das Herz ist.

Ich belausche nicht, ich horche ab. Wie der Arzt die Brust.

Und wie so oft: du klopfst – Totenstille!

Es gibt Menschen einer bestimmten Epoche, und es gibt Epochen, die sich in Menschen verkörpern. (Nicht: Bonaparte ist das 19. Jahrhundert, sondern: Das 19. Jahrhundert ist Bonaparte!)

Vom Sein und Nichtsein im Geliebten:

Ich will niemals an eine Brust, immer in die Brust! Niemals – mich anschmiegen! Immer verlorengehen! (In den Abgrund!)[1]

Ein ›Lebender‹ wird sich nie so lieben lassen wie ein ›Toter‹. Der Lebende will selbst sein (leben, lieben). Das er-

1. im Russischen ein Wortspiel: pripastj (sich anschmiegen), propástj (verloren-, zugrunde gehen), própastj (Abgrund).

innert mich an das ewige Geschrei der Kindheit: ›Selber kann!‹ Und ganz gewiß – mit dem Bein in den Ärmel, mit dem Arm in den Stiefel.

So auch in der Liebe.

Ich möchte mich in dir vernichten, das heißt, ich möchte du sein. Doch du bist nicht mehr in dir, du bist schon ganz in mir. Ich gehe zugrunde in der eigenen Brust (in dir). Ich kann nicht in deiner Brust zugrunde gehen, weil du dort nicht bist. Doch vielleicht bin ich dort? (Gegenseitige Liebe. Die Seelen haben ihre Häuser gewechselt.) Nein, auch ich bin nicht dort. Dort ist nichts. Ich aber bin nirgendwo. Nur meine Brust ist – und du. Ich liebe dich mit dem Du.

Besitzergreifung? Ja. Doch besser als Warenaustausch.

Nun, und die gegenseitige Liebe? (Warenaustausch.) Gleichzeitige und sich überkreuzende Wegnahme (Abgabe). Zwei Verluste: der der Seele X in der eigenen Brust, wo Z ist, und der der Seele Z in der eigenen Brust, wo X ist.

Doch wenn ich in dir lebe, bin ich nicht verlorengegangen! Doch wenn du in mir lebst, bist du nicht verlorengegangen! Dieses Sein im Geliebten, dieses ›Ich in dir und du in mir‹ ist dennoch: *ich* und *du*, ist nicht: zwei verschmolzen zu einem. Zwei verschmolzen zu einem ist – Nichtsein. Ich sprach vom Nichtsein im Geliebten.

Zwei – eins, das heißt: Nichtsein im Geliebten ist nur für einen möglich. Um nicht zu sein im anderen, ist vonnöten, daß der andere *ist.*

Vorbehalt: alles Gesagte bezieht sich natürlich auf das Empfangen der Seele des anderen durch uns, auf unser geheimes Leben mit der Seele des anderen.

Unter der Bedingung, daß jeder der beiden nicht weiß, daß es den anderen nicht gibt, und glaubt, daß der andere existiert, und nicht weiß, daß der andere in ihm vernichtet ist – unter der Bedingung des Nichtwissens ist das gegenseitige ineinander Nichtsein natürlich möglich.

Unser Besitzergreifen vom anderen geschieht nur in uns.

›Für mich gibt es dich nicht in dir, du bist ganz in mir.‹ So denkt der Dichter über seine Psyche, das hindert sie nicht, zu heiraten und einen anderen zu lieben, doch kann ihre Heirat ihrerseits den Dichter nicht hindern und hindert ihn auch nicht.

Ich will noch mehr sagen: die Stärke der Besitznahme steht in einem direkten Wechselverhältnis zu ihrem Geheimnis, ihre Tiefe – zu ihrer äußeren Widerrufbarkeit. Wenn nichts mehr mein ist, ist alles mein! Das führt uns auf geradem Wege zum Tod: dem physischen Tod des Geliebten. Verwechselt dies bloß nicht mit Eifersucht! Das ›es gebe nicht‹ der Eifersucht – aus Armut und Angst. (›Wenn einmal im Grab, ist es auch aus mit den Rivalen!‹) Bei der Besitznahme entfallen die Rivalen wie auch das Grab: Das ›es gebe nicht‹ der Besitznahme ist die letzte Absage, die die letzte Macht gibt.

Verheiratet eure Schönen möglichst weit weg, Dichter! Damit kein einziger eurer Seufzer (Verse) hingelangt und zurückkehrt – als Seufzer! Verzichtet sogar darauf, sie im Traum zu sehen.

Der Tag ihrer Eheschließung ist euer erster Schritt zum Sieg, der Tag ihres Begräbnisses – eure Apotheose.

(Beatrice. Dante.)

Die Liebe ist für mich – der Liebende. Und überdies: den

Gegenliebenden empfinde ich immer als Dritten. Nur meine Brust ist – und du. Was hat ein anderer (seine Wirksamkeit?) damit zu schaffen.

Antwort in der Liebe ist für mich eine Sackgasse. Ich suche nicht Seufzer, sondern Auswege.

In unserer Küche übernachtet ein Junge, der Sohn der Frau, die uns die Milch bringt.

– ›Ich hätte mir nicht träumen lassen, je auf Sprungfedern zu übernachten!‹

Bei diesem ›auf Sprungfedern‹ krampfte sich mir das Herz zusammen.

– Da hast du ja den Haß auf das einfache Volk!!

Gestern am Ochotny[1] ein Bauer zum andern:

– ›Und du stöhne nicht! Heuer ist das Jahr nun mal so – das Jahr neunzehn!‹

– ›Nun, wie ist es – willst du auch Moskau besuchen?‹

(wie einen Kranken)

Der Tod ist nur für den Körper schrecklich. Die Seele denkt ihn nicht. Deshalb ist im Selbstmord der Körper – der einzige Held.

1. Ochotny Rjad, früher Bezeichnung für das Zentrum von Moskau (auch heute noch gebräuchlich), etwa zwischen dem Hotel ›Metropol‹ und der Manege.

Selbstmord: lâcheté[1] der Seele, die sich in den Heroismus des Körpers verwandelt. Genauso, als schickte Don Quijote, feige geworden, Sancho Pansa in den Kampf – und dieser würde gehorchen.

Heldentum der Seele – leben, Heldentum des Körpers – sterben.

In der orthodoxen Kirche (im Gotteshaus) fühle ich den Körper, der zur Erde strebt, in der katholischen – die Seele, die zum Himmel fliegt.

Gedichte und Prosa:

In der Prosa erscheint mir zu vieles als überflüssig. Im Vers (dem echten) ist alles notwendig. Bei meiner Neigung zur Askese des Prosawortes kann bei mir am Ende das Skelett hervortreten.

Im Vers steckt ein gewisses natürliches Maß an Fleisch: weniger ist unmöglich.

Zwei Lieblingsdinge auf Erden: das Lied – und die Formel. (Das heißt, Anmerkung aus dem Jahre 1921, Elementarkraft und – Sieg über sie!)

Ich stehe für keins meiner irdischen Zeichen ein, das heißt: In dem Ausdruck ›irdische Zeichen‹ trete ich ›irdische‹ (Stofflichkeit) ab, Zeichen (Sinn) – nicht.

1. Der vorausgehende Auszug über die im Russischen nicht existierenden Wörter ist ausgelassen. ›Lâcheté‹, z. B.: eine Mischung aus Feigheit und Niedertracht, nicht allein Feigheit. (M. Z.)

Ich stehe für keines meiner irdischen Zeichen im einzelnen ein, wie auch für keinen meiner einzelnen Verse und keine meiner Stunden; wichtig ist die Gesamtheit.

Ich stehe nicht einmal für die Gesamtheit meiner irdischen Zeichen ein, ich stehe nur für ihr Daseinsrecht ein und für die Wahrheit – des MEINEN.

Ein genialer Ratschlag von S. (Sohn eines Malers). Einst im Winter klagte ich (lachend, natürlich!), daß ich überhaupt keine Zeit zum Schreiben hätte. »Bis fünf im Dienst, dann heizen, dann Wäsche waschen, dann die Kinder baden, dann sie schlafen legen ...«

»Schreiben Sie nachts!«

Darin war: Geringschätzung meines Körpers, Vertrauen zu meinem Geist, eine hohe Unerbittlichkeit, die S. wie auch mir zur Ehre gereichte.

Der hohe Tribut eines Künstlers an einen Künstler.

Die Wirkung von Konenkows[1] Stenka Rasin auf die Gemüter. Ein an der Erlöser-Kathedrale[2] vorbeikommender Soldat zu einem anderen Soldaten:

›Das müßte man bunt anmalen!‹

An einem trostlosen Bretterzaun, irgendwo schräg gegenüber der Erlöser-Kathedrale, die zaghafte Mitteilung:

›Verschönere die Handschrift.‹

Aus unerfindlichem Grund erinnert mich dies – in seiner

1. Konenkow, Sergej: russisch-sowjetischer Bildhauer – 2. Christus-Erlöser-Kathedrale, abgetragen in den dreißiger Jahren; alle Versuche, an dieser Stelle den Räte-Palast zu errichten, scheiterten daran, daß sich wiederholt das Fundament senkte; die Kathedrale stand auf 800 Eichenpflöcken und ›dem Segen Gottes‹ (so die Moskauer). Jetzt: Freiluftschwimmbad.

Hoffnungslosigkeit! – an meinen Ausverkauf (um in den Süden fahren zu können).

Epigraph auf meinen Ausverkauf:

Der Katenka der Flinken
Das Spielzeug tat zerspringen:
Die Hündlein ohne Ohrn,
Die Schäflein ohne Horn.
Und Tellerchen und Täßchen
Zum Tee sind bald vergessen,
Sind einfach alle fort ...

Ja, es ist eben nichts da!

Entzwei sind zum Beispiel: die Nähmaschine, der Schaukelstuhl, das Sofa, zwei Sessel, zwei Kinderstühlchen von Alja, der Toilettentisch ... An der marmornen Waschkommode fehlt die eine Seite, der Primuskocher brennt nicht, die Thermosflasche hält die Wärme nicht, von der Leuchte ist nur das Wort geblieben, das Grammophon geht nicht aufzuziehen, die Bücherregale stehen nicht, die Teegeschirre – tassenlos, die Tassen henkellos, der Henkel halterlos ...

Und der Flügel taub auf beiden Pedalen! Und die Drehorgel aus Mahagoni – hat übrigens nie gespielt! (Im ersten Augenblick wollte sie sich schon bei den ersten beiden Takten des ›Schlittschuhläufers‹[1] verplappern – und verstummte, das heißt, sie knurrte *so*, daß *wir* verstummten!) Und in den drei Eichhörnchenkäfigen keine Eichhörnchen, keine Türen! (Nur der Geruch ist davon zurückgeblieben.) Und die Kinderbadewanne mit dem verbogenen Hahn und der verbeulten Seitenwand! Und die große Zinkblechwanne, in Grün getaucht wie die Bucht eines Flusses und hoffnungslos wie das Grab! Und die Napoleonstiche: die geschliffenen Glas-

1. im Original deutsch.

scheiben sind auf gut Glück Fassungen aus Papier anvertraut, die allaugenblicklich mit Tod drohen! Und der Fleischwolf und die Rollschuhe und die Schlittschuhe!

So zugerichtet haben es namentlich Aljas Kindermädchen und Serjoshas Junker. Die einen wie die anderen aus ihrem Jungsein, ihrer Hitzigkeit heraus: dem Feuer des Herzens und der Hände. Den Kindermädchen war es langweilig, mit der Kleinen dazusitzen, und sie drehten das Grammophon, den Junkern war es über, das Reglement zu pauken – und so drehten sie die Nähmaschine.

Doch ebensowenig die Kindermädchen und die Junker wie jetzt die Bolschewiki und die ›Ein-wohner‹.[1] Ich sage: das Schicksal. Jenes Ding, das durch leichtsinnige Behandlung beleidigt ist, rächt sich: es geht aus dem Leim.

So sieht die Geschichte meines ›Alltags‹ aus.

Flößer! Wort aus meiner Kindheit! Die Oka, später Herbst, geschorene Wiesen, in den Straßengräben die letzten Blümchen – rosa, Mama und Papa im Ural (um Marmor für das Museum zu besorgen) – gedörrte Äpfel – die Gouvernante sagt, die Ratten hätten ihr in der Nacht die Füße abgenagt – die Flößer würden kommen und totschlagen ...

Auf Abschnitt 30 der Karte für Massenbedarfsartikel werden Särge zugeteilt, und Marjuscha, das alte Dienstmädchen von Sonetschka Holiday, hat vor kurzem bei ihrer Herrin um Erlaubnis ersucht, denselben im Zwischengeschoß abzustellen: ›andernfalls ... man kann nie wissen‹ ...

Doch der armen alten Frau stand eine harte Probe bevor:

1. Gemeint sind die in hochherrschaftliche Wohnungen umgesiedelten Bewohner von Kellern und Baracken.

Es gab keine rosafarbenen (jungfräulichen!), und sie, die achtzig Jahre lang makellos jungfräulich gelebt hat, wird in einem hellblauen Männersarg ihre letzte Ruhe finden müssen.

Das Karussell:

Zum erstenmal im Leben fuhr ich Karussell, als ich elf war, in Lausanne, zum zweitenmal vorgestern, auf den Sperlingsbergen, am Pfingstmontag, mit der sechsjährigen Alja. Zwischen diesen beiden Karussells liegt ein Leben.

Karussell! – Zauberei! Karussell! – Glückseligkeit! Der erste jener sieben Himmel! Überladen mit Sternen, geladen mit Klängen, der erste ärmliche irdische Himmel des einfachen Volkes, der Kinder!

Nur sieben Werschok über dem Erdboden – und schon steht der Fuß nicht mehr fest! Schon *gibt es kein Zurück!* Und dies Gefühl der Unwiderruflichkeit, des Verdammtseins zum Flug, des Eintretens in den Kreis –

Das Planetarische des KARUSSELLS! Die Sphärenmusik seiner tönenden Säule! Nicht die Erde um ihre Achse, der Himmel um seine! Die Quelle des Tons ist verborgen. Du sitzt und – siehst nichts. Im Karussell verschwindest du wie in einem Wirbelsturm.

Heraldische Löwen und apokalyptische Rosse, seid ihr nicht die Geister der Tiere, mit denen Bacchus sein Schiff vollud?

Tanzritus der Geißler – gegenseitige Bürgschaft der Planeten – Memnonsäule bei nicht enden wollendem Sonnenaufgang ... Karussell!

Ich vergöttere das einfache Volk: auf den Feldern, auf Jahrmärkten, unter Kirchenbannern, allerorts in der Weite und Fröhlichkeit – und nicht etwa aus Schaulust: wegen der roten Röcke der Weiber! nein, ich liebe es liebevoll, mit dem ganzen großen Glauben an die menschliche Güte. Hier habe ich wahrhaftig Gemeinschaftssinn.

Wir gehen gemeinsam, in Eintracht.

Ich vergöttere die Reichen. Reichtum ist ein Nimbus. Überdies erwartet niemand etwas Gutes von ihnen, wie von den Zaren, deshalb ist in ihrem Munde ein schlicht vernünftiges Wort Offenbarung, ein schlicht menschliches Empfinden Heldentum. Der Reichtum vertausendfacht alles. (*Die Resonanz der Null!*) Du denkst, ein Sack voll Geld, nein – ein Mensch.

Überdies verleiht Reichtum Selbstbewußtsein und Ruhe (›Alles, was ich unternehme, ist gut!‹) wie Begabung, deshalb stehe ich mit den Reichen auf meiner Höhe. Mit den anderen fühle ich mich zu sehr ›erniedrigt‹.

Überdies schwöre und behaupte ich, die Reichen sind gut (weil sie das nichts kostet) und schön (weil sie sich gut kleiden).

Wenn man weder ein Mensch sein kann noch schön oder berühmt, muß man ein Reicher sein.

Rätselhaftes Verschwinden des Fotografen von der Twerskaja,[1] der lange und beharrlich alle verantwortlichen sowjetischen Funktionäre (gratis) im Bild festhielt.

1. heute Gorkistraße.

Vor nicht langer Zeit bekreuzigte ich mich in Kunzewo[1] ganz unverhofft vor einer Eiche. Augenscheinlich ist der Ursprung des Gebetes nicht Angst, sondern Begeisterung.

Auf dem Smolenski-Markt kostet ein Pfund Brot jetzt 60 R., und man verkauft nur jeweils 2 Pfund. Wer mit Schläue mehr erwirbt, wird geschlagen.

Ich bin ein unerschöpflicher Quell von Häresien. Ohne eine einzige zu kennen, bekenne ich mich zu allen. Vielleicht schaffe ich sie überhaupt.

Man soll nur die Bücher schreiben, unter deren Fehlen man leidet. Kurz gesagt: seine unentbehrlichen (Hand-)Bücher.

Das Wertvollste in den Gedichten und im Leben ist das, was mißglückt ist.

Das einfache Volk verirrt sich niemals in einer Stadt. Der Ortsinstinkt des Tiers und des Wilden.

Jetzt geht alles dem Ende zu, denn nichts wird ausgebessert: Ebenso Sachen wie die Menschen, und die Menschen wie die Liebe.

1. früher Vorort von Moskau, jetzt Stadtrandgebiet.

(Ausgebessert werden: Sachen von Handwerkern, Menschen von Ärzten, aber die Liebe von wem? Wohl mit Hilfe von Rubeln: Geschenken, Reisen, Premieren. Gemeinsam Skrjabin hören. Gemeinsam den Vesuv besteigen.

Der Tristans und Isolden sind ja so wenige!)

Tristan und Isolde: die Liebe an sich. Fern von dem Erhitzer des Neides, der Eifersucht: den Augen. Fern von dem Resonanzboden der Tadel und Billigungen: den Meinungen. Fern den Blicken und Redereien. Niemand hat sie gesehen, niemand hat von ihnen gehört. Sie lebten im Walde. Wolf und Wölfin. Tristan und Isolde. Sie besaßen nichts. Hatten nichts am Leib. Nichts war unter ihnen. Nichts war über ihnen. Nichts hinter ihnen, und vor ihnen – NICHTS. Kein Morgen, kein Gestern, nicht Jahre, nicht Stunden. Die Zeit stand still. Die Welt hieß Wald. Der Wald hieß Strauch, der Strauch hieß Blatt, das Blatt hieß Du. Du hieß *Ich*. Nichtsein in der Leere. Den Hintergrund gab die Abwesenheit ab, und die Abwesenheit gab der Hintergrund ab.

Und sie – liebten.

Alle meine Klagen über das Jahr neunzehn (kein Zucker, kein Brot, kein Holz, kein Geld) entspringen ausnahmslos der Höflichkeit: daß ich, die nichts hat, die, welche alles haben, beleidigen könnte.

Und alle in meiner Gegenwart von anderen erhobenen Klagen über das Jahr neunzehn: (›Rußland ist untergegangen‹, ›Was haben sie mit der russischen Sprache gemacht‹ u. a. m.) entspringen ausnahmslos der Höflichkeit: daß sie, denen nichts genommen, mich, der – alles genommen, beleidigen könnten.

Platzangst und Angst vor der Menge. Beiden liegt die Angst vor einem Verlust zugrunde. Dem Verlust seiner selbst durch das Fehlen von Menschen (den Platz) und durch ihre Gegenwart (Menge). Kann man an beidem gleichzeitig leiden?

Ich denke, die Angst vor der Menge kann man einzig und allein durch Selbstbehauptung besiegen, im Jahre neunzehn, z. B., durch den Ausruf: ›Weg mit den Bolschewiki!‹

Damit du bemerkt und in Stücke gerissen wirst.

(NB! Die Angst vor der Menge ist die Angst vor dem Tod durch Ersticken. Wenn sie reißen, würgen sie nicht).

Das hohe Maß. Mit hohem Maß messen. So mißt Gott. Von oben – herab messen und mit hohem Maß. Ähnlich einem sehr groben Sieb: die kleinen Gemeinheiten rutschen ebenso durch wie die kleinen Tugenden. – Wohin? – Dans le néant.[1] Hochmut, das ist die vollkommene Abwesenheit von Kleinlichkeit. Und deshalb eine sehr vorteilhafte Eigenschaft … für die anderen.

Über einen Kommunisten:

Gestern, bei meiner Freundin:

›Sie rasieren sich ja nicht‹, sagte der Kommunist, ›wozu brauchen Sie dann Puder?‹

Ein Kommunist vom alten Schlag, geht Hungers zugrunde. Welch wunderbare melodische Stimme.

1. ins Nichts.

Jemand im Zimmer: ›In der Ermitage[1] wird ein unglaubliches Programm gegeben!‹

Der Kommunist, melodisch: ›Was ist das, Ermi-etage?‹

O Kraft des Blutes! Ich erinnere mich, daß meine Mutter bis ans Ende ihrer Tage: Thor, Rath, Theodor schrieb, aus deutschem Patriotismus für die alte Zeit, obwohl sie Russin war und es keineswegs, weil sie alt war, tat, denn sie starb mit 36 Jahren.

– Ich mit meinem *Jatj!*[2]

Gestern war ich eingeladen (Geburtstagskuchen, Gesang, Kerzenstummel, Schilderungen, wie die Roten kämpfen), und, beim Durchblättern von Noten, auf einmal:

Beethoven – Bußlied,[3]
Puccini – dies und jenes,
Marie-Antoinette – ›Si tu connais dans ton village‹ ...[4]

Marie-Antoinette! Sie schrieben eine Musik zu den Versen von Florian, doch man sperrte Sie in eine Festung und schlug Ihnen den Kopf ab. Und Ihre Musik werden ewig andere – Glücklichere – singen.

Niemals, niemals – weder mit kecker Halbmaske, in den Bosketten von Versailles, Hand in Hand mit dem bezaubernden mauvais sujet d'Artois,[5] noch als KÖNIGIN von Frankreich, noch als KÖNIGIN des Balls, noch als Milchfrau

1. kleiner Park im Zentrum Moskaus mit Freilichtbühne, Restaurant usw. – 2. Buchstabe des russischen Alphabets, der durch die Schriftreform von 1918 eliminiert wurde; an seine Stelle trat das Je. – 3. im Original deutsch. – 4. Wenn du in deinem Dorfe kennst ... 5. Taugenichts d'Artois.

im Trianon, noch als Märtyrerin vom Temple – noch am Ende auf dem Karren – haben Sie mein Herz so durchbohrt wie als:

Marie-Antoinette: ›Si tu connais dans ton village ...‹
(Paroles de Florian)

Ludwig XVI. hätte Marie-Louise (›fraîche comme une rose‹[1] und dämliche Gans) heiraten sollen und Napoleon Marie-Antoinette (einfach eine Rose!).

Ein Abenteurer, der ein Abenteuer gewonnen hat, und das letzte Kristall des GESCHLECHTES und BLUTES.

Und Marie-Antoinette, als Aristokratin und folglich untadelig in allem ihrem *Vorhaben,* hätte ihn nicht wie einen Hund im Stich gelassen, dort auf dem Felseneiland.

Moskau, 1919

1. frisch wie eine Rose.

Lyrik, Prosa, Lesedramen, Essayistik und Korrespondenzen (letztere von hohem künstlerischem Wert) hat Marina Zwetajewa hinterlassen. Alles, was sie schrieb, macht ein tragisches Frauen- und Künstlerschicksal sinnfällig, das zur Jahrhundertproblematik wird. Die Tochter des Kunstwissenschaftlers und Gründers des Moskauer Puschkin-Museums für Bildende Künste und einer Pianistin ging einen selten ›argen‹ Weg der Erkenntnis. Im spartanischen, weltfremden Elternhaus (›Atmosphäre: weder bourgeois noch intelligenzlerisch, sondern ‚ritterlich'. Leben auf hohem Niveau‹, notierte sie) wurden ihr poetischer Sinn und – ihr Widerspruchsgeist geweckt: sehr früh als Künstlerin und Frau eigenständig, formulierte sie ein romantisches Rebellenpathos und maximalistischen ethischen Anspruch an Mensch und Welt in unverwechselbarer, Poesie und Rhetorik wieder einender Tonart. Die sie verwirrende Konfrontation mit Revolution, Kriegskommunismus im Moskauer Alltag, Sympathie für die Weißen, in deren Reihen ihr Mann Sergej (Serjosha) Efron kämpfte, Erfahrung kümmerlichster Emigrantenexistenz in Berlin, Prag, Paris, immer quälender werdende Heimatsehnsucht, Erschütterung angesichts des anwachsenden Faschismus, Rückkehr nach Moskau, Schmerz um die verhafteten Mitglieder ihrer Familie, Freitod nach dem Überfall auf die UdSSR sind nicht nur persönlich bedingte Stationen eines Lebens. – In diesem Schicksal bricht sich der Weg der alten (russischen) Intelligenz aus dem 19. in das 20. Jahrhundert, in das der sozialen Revolutionen. Dieser Weg bleibt bis zuletzt ein Weg des Kampfes mit sich selbst, der Ernüchterten mit der Romantikerin. Gewinnt das Werk der Marina Zwetajewa auch zunehmend Wirklichkeitsbezug und soziale Schärfe – die Dichterin bekennt 1923 programmatisch: ›Zeit! Ich werde dich umgehen!‹, 1932 wird sie präzisieren: ›Aus der Geschichte springt keiner heraus‹, und doch immer wieder betonen: ›Mag sein, daß meine Stimme der Zeit gemäß ist, ich selbst bin es nicht. Ich hasse mein Jahrhundert, weil es ein Jahrhundert der organisierten Massen ist, nichts Elementares ist an ihnen ... Das Jahrhundert ist nicht persönlich und direkt gegen mich, sondern passiv, ich aber bekämpfe es aktiv ... während es seinerseits mich nicht beachtet.‹

Das ausgehende Jahrhundert beachtet diese Dichterin sehr wohl: ihre Kraft, Konflikte der Zeit in sich auszutragen, ihren Weitblick auf brisante Fragen unserer Jahrzehnte – die nach dem Verhältnis von weiterschreitender Zivilisation (und Gefährdung) und dem Menschlich-Natürlichen (dem Sittlichen, dem ›Elementaren‹). Dieses Dichterdasein bestätigt das Goethe-Wort: ›Man weicht der Welt nicht sicherer aus als durch die Kunst, und man verknüpft sich ihr nicht sicherer als durch die Kunst.

Die Texte dieses Bandes präsentieren Marina Zwetajewa in der Zeit zwischen Oktoberrevolution und Ausreise aus Moskau 1922: sie hat die für ihr Leben folgenreichste Entscheidung zu fällen – die Entscheidung für ihren nach Prag gelangten Mann, für die Hoffnung, ›die Zeit zu umgehen‹. Sie hat sich mit ihren beiden Kindern in eine Dachkammer (ihre ›Kajüte‹) des Hauses Boris-und-Gleb-Gasse Nr. 6 (heute Pissemski-Straße) zurückgezogen, in dem sie seit 1914 mit ihrem Mann gewohnt hatte. So wie sie sich vor 1917 keiner der vielen Gruppen oder Schulen verband, so blieb sie auch nun auf literarischem ›Einzelposten‹ – wiewohl sie nicht isoliert war: ihre Mitgliedschaft im Schriftstellerverband garantiert gelegentlich Druck oder Auftritt, ein Minimum an Materiellem. Solidarische Kontakte pflegte sie mit Kollegen wie Balmont, Woloschin (in Koktebel auf der Krim), mit Ehrenburg (der auf seinen Reisen nach Efron sucht), mit der

Witwe Alexander Skrjabins; verbunden fühlt sie sich alten Aristokraten, den Schauspielern Wolkonski und Stachowitsch, ebenso wie dem 18jährigen Sohn eines Bauern und Rotarmisten Sergej Bessarabow, sie korrespondiert mit Anna Achmatowa ... schwärmerische Freundschaft oder Liebe verbindet sie mit jungen Schauspielern um Wachtangow – Juri Sawadski, Sofia (›Sonetschka‹) Holiday, Wladimir Alexejew, Pawel Antokolski (dem späteren Dichter), das inspiriert ›Romantik‹, einen Zyklus von Schauspielen u. a. über Casanova und den 1794 vom französischen Revolutionstribunal hingerichteten Armand Louis de Gontaut, die sich als unspielbar erweisen (›Der Dichter ist nicht günstig für das Theater‹, wie auch umgekehrt)* ... Solange ein Beamtendasein für sie erträglich ist, arbeitet sie im Volkskommissariat für Nationalitäten ... sie verkauft den größten Teil ihrer kostbaren Bibliothek ... Anfang 1920 erlebt sie den Tod ihrer Tochter Irina im Heim, während sie selbst die schwerkranke ältere Alja pflegt ... 1921 setzt sie sich bei Lunatscharski persönlich für Woloschin und andere hungernde Schriftsteller ein ... und schreibt und schreibt – Gedichte, Poeme, Briefe ... Tage- und Notizbücher, die sie ihr Leben lang führte. Ihr Impuls ist in ausgeprägtem Maße das Anschreiben gegen Vergänglichkeit und Vergessen (es wird ihre gesamte poetische Konzeption bestimmen – wiewohl auch ihre Tagebücher poetische Qualität haben): ›Ich habe das Jahr 19 etwas übersteigert wahrgenommen – so wie die Menschen es in hundert Jahren sehen werden.‹ Dichterisches Sprechen ist bei Marina Zwetajewa – in welcher der Formen auch immer – stark situationsbezogen (›Meine Verse sind ein Tagebuch‹ – ›Alles echte Geschriebene ist erfahren, ist Vie vécue, Gelegenheitsgedicht.‹) Frei-

* Jüngst gelangen Leningrader und Moskauer Theatern überzeugende Inszenierungen der Casanova-Stücke (I. Sch.).

lich ist sie weitaus mehr Dichterin denn Chronistin ihres Lebens. Ihre Aufzeichnungen der Jahre 1917 bis 1920 nennt sie eine ›innere Chronik‹. So wie sie an Goethes ›Dichtung und Wahrheit‹ jegliche Exkurse über ›treffliche Gelehrte‹ stören, da Goethe selbst dahinter zurücktrete, so läßt sie hier – anders als in Lyrik, Brief, später Prosa – nicht Begegnungen und Erlebnisse wiedererstehen. Bis auf die stete, auch unausgesprochene Gegenwart des erstaunlichen Kindes Ariadna (›Alja‹). Früh reif, dichterisch begabt, ist die Fünfjährige schon verläßlichste und verständnisvolle Gefährtin der Mutter, schreibt Tagebücher und Verse. 1926 widmet Marina Zwetajewa Rilke ihr Buch ›Psyche‹: es enthalte Gedichte ihrer ›damals sechs- und siebenjährigen Tochter, darin (Dichter- und Mutterehrfurcht) selbstverständlich nicht das mindeste geändert habe‹.[1] (Ariadna Efron blieb treu und hilfreich an der Seite ihrer Mutter ... und widmete nach ihrer Rückkehr aus dem Lager 1955 ihre zwei letzten Lebensjahrzehnte ausschließlich dem Sammeln und Bewahren des in ganz Europa verstreuten, teilweise bis heute verschollenen Nachlasses der Marina Zwetajewa.) 1918 geht Alja so ins Gedicht ein:

... Lied und Last sind gemeinsam.
So freund sind wir uns, ich und du!
So fremd welthin, elternlos einsam!
Und schön ist's zu zwein – zwei Verwaisten ...

(deutsch von Ilse Tschörtner)

Das Kind und ihre Hefte, an die sie sich täglich setzte, helfen der Dichterin, die sie an den Rand der Selbstaufgabe bringende Notzeit des Kriegskommunismus zu überstehen – nur schreibend. Denn ›die Tätige, Alltägliche und Dichterin sind eins‹ (Pawel Antokolski).

Auffallend zurückgenommen sind in diesen Notizen Aus-

1. im Original deutsch.

brüche ihrer vulkanischen Natur, Lakonie läßt das Maß der Betroffenheit ahnen. Marina Zwetajewa sieht sich (und andere) in jenen Tagen außerstande, ein ›wahres‹ Buch über die Menschen im Hungerjahr 1919 zu schreiben. Angesichts unzähliger Seelenkäufer (Tschitschikows), Betrüger (Nosdrjows) und Konsorten – nur der Sarkasmus: ›Aber einen Gogol gibt es nicht. Besser wäre es umgekehrt.‹ Sehnsucht nach dem Beständigen, Echten, dem (materiell) Gesicherten beschwört neben dem 18. Jahrhundert, Goethes Kindheit und Leipziger Studienzeit, der Idylle von Sesenheim bezeichnenderweise auch den einfachen russischen Menschen (und dessen Sprache!). Im ›liedhaften Element Rußlands‹ hatte Marina Zwetajewa eine ihrer Wurzeln: ein Dichter für das Volk wollte sie (in den Tagen der Revolution!) sein: ›... dazu mußt du dein ganzes Volk durch dich singen lassen.‹ Sie fürchtete den Verlust einer in der Folklore wurzelnden liedhaften Dichtung, wie sie Blok und Jessenin noch schufen, und dichtete in diesem Geiste (Poeme: ›Handwerk‹, ›Der junge Recke‹, ›Auf dem roten Roß‹): diese ihre ›russischen Sachen‹ seien trotz aller ihrer ›Zurückgezogenheit für Unzählige‹ geschrieben ... (Auch die Beschwörung deutscher Vergangenheit ist bezeichnend: Goethe und die Romantik vor allem trugen ihr verklärtes Bild von Deutschland, das sie immer als ihre Heimat empfand. Kompromißlos bekannte sie sich in den Tagen des ersten Weltkriegs und der Intervention ausdrücklich dazu: ›Wie könnte ich dich verstoßen, verfolgtes Vaterland ... Nur halb zu lieben, habe ich nicht gelernt!‹)

In diesen Texten ist – wie immer – der existentielle Diskurs auch poetologischer. Im Zentrum der Gedanken zur Kunst steht der Grundsatz: ›Ich bin in diese Arbeit verliebt: das Zuhören ...‹ – ›Ich höre zu. Danach suche ich die genaue Verkörperung im Wort.‹ Hinter dem ›Eispanzer der Formel‹ sei das Herz. So ist auch Marina Zwetajewas Selbstdarstellung hier ›Abhorchen des Menschen‹ auf seinen Kern. Rigoros offenbart sie ihre innere Spannung – ihren Imperativ ›Du kannst‹ zur Bewahrung des Menschlichen und ihr ›Ich kann nicht‹, ihr Plädoyer für die Unabdingbarkeit des Handelns, dessen Wurzeln tief im Blute, im Geiste lägen: ›Ich-kann-nicht und nicht Ich-will-nicht‹ – in ihrem Falle zum möglichen Dienst in der Roten Armee – ›schafft Helden‹. Ebenso romantisch-rebellisch formuliert sie dem Weißgardisten Efron gewidmete Gedichte (und liest sie öffentlich!). Einander achtende ›bezaubernde Rotgardisten‹ und ›lautere Weißgardisten‹ faszinierten sie. Nur mit dieser Sicht glaubte sie, ›leidenschaftlicher Wahrheit‹ gerecht zu werden. Und ihrem Rußland, das sie 1920 so sah:

›Ach, mein Pilz du, kleines Pilzchen, weißer Schwamm!‹
Im Gefild wehklagt die Rus, die kraftlos wankt.
›Helft, kann nicht mehr auf den Beinen stehn!
Bin betäubt vom Blut, vom Blutdunst-Wehn!‹

Zur Rechten, zur Linken
Die Todwunden sinken,
Es tönt aus den Saaten:
›Mama!‹

Kehrt alles, was Odem,
– Ich Trunkne erfahr es –
Zum Mutter-Nährboden:
›Mama!‹

So Reih nun um Reih,
Kein Grenzstein sie trennt:
Soldaten, geeint!
Wer unser, wer fremd?

Der weiß war, nun rot,
Blut lieh ihm Röte.
Den Roten der Tod
Fahlweiß umhüllte.

Wer da? – Ein Weißer? – Ich acht's nicht! Steh auf!
Fielst bei den Roten? – Glänz, Heller, auf!

Zur Rechten, zur Linken,
Am Morgen, am Abend,
Rot, weiß, die Stimmen:
›Mama!‹

Nicht Zorn, nicht Gewalt ist,
Doch dringlich – und mahnend –
Himmelan hallt es:
›Mama!‹

Dezember 1920
(deutsch von Roland Erb)

Marina Zwetajewas Tagebuchblätter sind Bekenntnisse, die weder Einsamkeit und Stolz noch Eigenwilligkeit und Irrtümer verschweigen, sie sind ein Buch zum tieferen Verständnis von Werk und Person der Künstlerin – sie sind auch ein Buch zum tieferen Verständnis der russischen Revolution. ›Es ist kein reaktionäres Buch, es ist zutiefst wahrhaftig und äußerst widerspruchsvoll‹, so hatte es Marina Zwetajewa verteidigt, als kein Moskauer Verlag ›Irdische Zeichen‹ (Aufzeichnungen 1917–1919) drucken wollte. Auch der russische Helikon-Verlag in Berlin lehnte ab: die Sache sei zu ›politisch‹. ›Was denn?‹, schreibt Marina Zwetajewa danach, ›hab ich etwa in der Wiege geschaukelt? Ich war 24–26 Jahre, ich hatte Augen, Ohren, Hände ... mit diesen Augen sah ich, mit diesen Ohren hörte ich, mit diesen Händen hackte ich Holz (und schrieb ich!) ... In dem Buch ist keine *Politik:* da ist leidenschaftliche Wahrheit ... Der Hintergrund ist düster. Nicht ich habe ihn ausgedacht.‹

Die Not veranlaßte Marina Zwetajewa später, Fragmente und Varianten in der Presse zu publizieren. Der Originalzustand wird kaum je zu rekonstruieren sein. Wenn der Insel-Verlag nun Teile der ›Irdischen Zeichen‹ (mit Ergänzungen) druckt, erfüllt er ein Vermächtnis der großen russischen Dichterin.

Leipzig, August 1986 *Ingrid Schäfer*

Inhalt

Quellenangabe:
Чердачное (Dachbödiges):
zuerst erschienen in der Zeitschrift ›Дни‹, Berlin, 25. 12. 1924
О любви (Über die Liebe): in ›Дни‹, Berlin, 25. 12. 1925
О благодарности (Über die Dankbarkeit):
in der Zeitschrift ›Благонамеренный‹, Brüssel 1926, Nr. 1
Auszüge aus Земные приметы (Irdische Zeichen):
in der Zeitschrift ›Воля России‹, Prag 1924, Nr. 1–2

ISSN 0233-1047
ISBN 3-7351-0054-6

Insel-Verlag Anton Kippenberg, Leipzig
Erste Auflage
Lizenz Nr. 351/260/32/90 LSV 7203
Gesetzt und gedruckt in den Druckwerkstätten Stollberg,
gebunden in der Kunst- und Verlagsbuchbinderei Leipzig
Überzuggestaltung: Günter Blochberger
Printed in the German Democratic Republic
Bestell-Nr. 787 324 7